제목: 뉴욕과 한반도, 인간 문명을 다시 읽다.

문명을 품은 경계의 두 도시,
　　　　　경계로 본 문명사

"경계에서 문명은 탄생한다"

"위대한 문명은 늘 국경선이 아닌 접경지대에서 꽃핀다."
— 아놀드 토인비, 『역사의 연구』

서문 : 왜 지금, 뉴욕과 한반도를 함께 읽는가?

문명은 언제, 어디에서 시작되는가?

우리는 흔히 풍요로운 땅, 평화로운 강가에서 찬란한 문명이 꽃폈다고 생각한다. 그러나 역사를 깊이 들여다보면, 문명은 늘 경계에서 태어났다. 낯선 이들이 마주치고, 충돌하고, 때론 융합되는 그 지점에서 인간은 가장 창조적으로 변화해 왔다.

한반도는 동북아의 경계에 자리 잡은 반도로서, 대륙과 해양, 동양과 서양, 전통과 현대가 만나는 공간이다. 뉴욕은 대서양을 건너온 수많은 이민자가 만든 다문화의 도시이자, 자본과 예술, 충돌과 포용이 응축된 글로벌 문명의 상징이다.

이 두 지역은 지리적 배경도, 역사적 맥락도 다르지만, '경계의 도시'라는 점에서 놀라운 평행과 공통점을 보여준다.

이 책은 뉴욕과 한반도를 통해 문명의 조건과 본질을 다시 묻고자 한다. 지리, 역사, 문화, 그리고 그 속에서 형성된 인간 문명의 이야기를 따라갈 것이다.

지리, 역사, 문화, 그리고 그 속에서 형성된 인간 문명의 이야기를 따라가며, 우리는 두 도시가 단순한 지역이나 국가 단위의 대상이 아니라, 인류 문명의 축소판이자 경계에서 형성된 사유의 공간임을 발견하게 된다.

문명은 결코 안온한 평지에서 시작되지 않았다. 오히려 낯선 문화와 인종, 사상이 마주치고 충돌하고 섞이는 '경계의 공간'에서 더 자주, 더 깊이 태어났다.

그렇기에 한반도와 뉴욕은, 전혀 다른 대륙에 위치했음에도 불구하고 다섯 가지 중요한 공통점을 지닌다.

첫째, 지정학적 중심지라는 운명.
둘째, 분단과 다문화라는 공존의 실험.
셋째, 상징 도시(서울과 뉴욕시)의 강력한 발신력.
넷째, 역사적 전환점을 관통한 장소. 그리고
다섯째, 세계적 영향력을 가진 문명의 플랫폼이라는 점이다.

한반도는 동북아의 끝자락이자 대륙과 해양이 교차하는 반도로, 수천 년 동안 외세와 문명 간섭 속에서도 독자적인 문화와 정체성을 지켜낸 지역이다. 반면 뉴욕은 유럽의 끝이자 아메리카의 관문으로서, 자본과 이민, 예술과 기술이 융합된 가장 현대적인 도시이다.

그러나 이 두 도시가 '경계'라는 같은 출발선상에서 문명적 긴장과 가능성을 품고 있다는 점은, 지금 우리가 다시 문명을 성찰하는 데 가장 중요한 단서가 된다.

이 책은 도시를 단순한 생활 공간이 아닌, 문

명의 거울이며 발상지로 바라본다.

그 속에 축적된 기억, 흔적, 목소리, 질문들을 따라가며, 우리는 한반도와 뉴욕이라는 두 도시가 어떻게 '문명'이라는 이름의 무형 자산을 만들어내고 있는지를 탐색할 것이다.

문명은 단지 과거의 찬란한 유산이 아니라, 지금, 이 순간에도 도시라는 몸을 입고 생성되고 있다. 그리고 그 중심에는, 우리가 오늘도 치열하게 살아가고 있다.

목차

제1장. 경계에서 도시가 시작되다.
도시는 왜 경계에서 탄생하는가?
한반도: 반도의 운명, 문명의 통로
뉴욕: 대서양의 관문, 세계의 입구
경계가 주는 창조의 에너지

제2장. 역사라는 층위 속의 도시
한반도: 전쟁과 분단, 그리고 재건의 역사
뉴욕: 이민과 충돌, 그리고 세계화
외세와 내부 충돌이 남긴 흔적
도시는 어떻게 기억을 저장하는가

제3장. 문화, 다양성을 실험하다
다문화 사회란 무엇인가: 뉴욕의 케이스
문화의 수출국이 된 한반도
음식, 예술, 언어에서 본 문화 융합
경계에서 탄생하는 새로운 정체성

제4장. 도시에서 인간을 다시 읽다
경계인(境界人)으로 살아간다는 것_정체성의 교차로

경계인의 심리와 생존 방식
도시는 거울인가, 무대인가?
공존과 갈등, 도시 윤리의 탄생

제5장. 공통점으로 본 문명의 단서
지정학적 요충지의 숙명
분단과 공존의 역설
상징도시의 발신력과 파급력
역사적 전환의 현장
세계 문명 흐름 속에서의 위치

제6장. 경계에서 문명은 시작된다
문명은 언제나 경계에서 탄생했다
혼합과 충돌의 역사, 문명의 패턴
도시와 문명의 태동: 메소포타미아에서 뉴욕까지
한반도와 뉴욕, 문명의 다음 장을 비추다
앞으로의 문명은 어디에서 시작될 것인가?

에필로그
경계를 살아가는 우리 모두에게

"강력한 문명은 자신과 다른 문명과의 경계를 허무는 데서 시작된다."
— 새뮤얼 헌팅턴, 『문명의 충돌』

제1장. 경계에서 도시가 시작되다.

- 도시는 왜 경계에서 탄생하는가?

인류 문명의 역사를 들여다보면, 도시와 문명의 기원이 대부분 '경계'라는 공간에서 출발했다는 사실을 발견하게 된다. 우리는 흔히 문명이 풍요로운 환경, 평화로운 강가에서 꽃피었다고 생각한다. 물론 자연 환경의 조건은 중요하다. 하지만 문명이 단순히 자연의 선물로만 설명된다면, 왜 같은 강가에서도 어떤 지역은 문명을 꽃피우고, 어떤 곳은 그렇지 못했는지를 설명하기 어렵다.

문명의 핵심은 단순한 생존이 아니라 '다름의 만남'에 있다. 다른 문화, 다른 언어, 다른 가치관이 마주치고 섞이는 지점에서야 비로소 인간은 질문을 던지기 시작하고, 그 질문은 제도와 사유, 기술과 예술이라는 이름으로 발전해간다.

그러한 의미에서 문명은 경계에서 태어난다. 경계는 충돌과 교류가 동시에 일어나는 지점이다. 이 충돌은 때로는 갈등과 전쟁으로 이어지기도 하지만, 반대로 그 긴장감은 인간으로 하여금 더 나은 방식으로 함께 살아가기 위한 창조적 해법을 찾게 만든다. 역사적으로 도시들은 단순히 안전한 곳에 세워진 것이 아니다. 오히려 위험을 감수하면서라도 타자와 마주할 수 있는 곳, 즉 경계에서 도시가 번성했다.

고대 메소포타미아는 티그리스와 유프라테스강 사이에서 다양한 부족들이 충돌하고 섞이면서 발전했다. 이집트의 나일강, 인도의 인더스강 유역도 단순히 농경의 조건이 아니라 무역과 이주, 문화 교류가 활발했던 '경계의 회랑'이었다.

경계에서의 삶은 결코 안온하지 않다. 그러나 바로 그 불안정성과 예측 불가능성이 도시를 더욱 역동적으로 만든다. 끊임없이 새로운 사람과 사물이 흘러들어오고, 기존의 질서가 도전받으며, 낯선 가치가 기존의 관념과 충돌한다. 도시란 바로 이러한 흐름의 집합체다.

도시의 시민은 늘 경계인으로 살아간다. 고정된 신분이나 문화 안에 갇혀 있지 않고, 자신과 타인 사이를 끊임없이 넘나드는 존재가 된다. 이러한 도시적 삶의 조건은 새로운 생각, 제도, 문화를 끊임없이 생산해낸다. 그래서 도시는 단순한 물리적 공간이 아니라, 정신과 사유가 응축된 문명의 발현지인 것이다.

뉴욕과 한반도는 이 점에서 매우 상징적이다. 뉴욕은 대서양을 건너 유럽과 아시아, 아프리카에서 몰려온 수많은 이민자들이 뒤섞이며 형성된 도시다. 그들은 각자의 언어, 종교, 음식, 사상을 가지고 이 도시에 도착했고, 이질적 요소들의 충돌은 곧 창조적 에너지로 전환되었다.

반면 한반도는 대륙과 해양, 중국과 일본, 유목과 농경이 만나는 동북아의 경계에 위치하며 수천 년간 수많은 외세의 침략과 문화적 충격 속에서도 자신만의 정체성을 형성해왔다. 뉴욕은 세계의 '입구'이고, 한반도는 아시아 문명의 '출구'였다. 전혀 다른 지리적 환경 속에서도 두 도시는 모두 경계라는 운명 위에 세워졌고, 그 속에서 성장해온 문명은 각기 다른 색깔을 가지면서도 놀라운 공통의 구조를 보여준다.

결국 우리는 도시를 이해하는 방식에서 문명을 새롭게 읽을 수 있어야 한다. 문명은 고립된 공간에서 스스로 자라나는 것이 아니라, 언제나 타자와의 마주침 속에서 스스로를 다시 만들며 확장해왔다. 경계는 단순한 지도상의 선이 아니라, 문명의 움직임과 진화가 가장 활발히 일어나는 장소이다.

도시가 경계에서 시작된다는 이 사실은 단순한 공간적 설명이 아니라, 인류가 어떻게 살아왔고 앞으로 어떻게 살아갈 것인가에 대한 중요한 통찰을 제공한다. 그렇기에 뉴욕과 한반도를 함께 읽는 일은 도시의 비교를 넘어, 문명 자체를 새롭게 정의하는 작업이 될 수 있다.

- 한반도: 반도의 운명, 문명의 통로

한반도는 지리적으로 대륙과 해양이 만나는 '경계의 지형' 위에 존재한다. 북쪽으로는 중국 대륙, 남쪽으로는 태평양을 바라보는 이 땅은 외세의 침입과 문물의 유입이 끊임없이 반복된 공간이었다. 고립된 섬도, 광활한 대륙도 아닌 이 '반도'라는 형태는 한반도의 정체성과 문명 형성에 결정적인 영향을 미쳤다.

한반도의 문명은 외부와의 관계를 피할 수 없는 조건 위에 세워졌고, 바로 이 '관계성'이 그 문명을 끊임없이 자극하고 변화시켜왔다.

역사적으로 한반도는 대륙의 거대한 흐름과 해양 세력의 전략적 이해관계가 교차하는 자리였다. 고조선과 삼국시대, 고려와 조선에 이르기까지 한반도는 수많은 외세의 침략을 받았고, 동시에 중국과 중앙아시아, 일본과 동남아로부터 다양한 문화와 기술을 받아들였다.

단순히 받아들이기만 한 것이 아니라, 그것을 변형하고 조화시켜 자신만의 독특한 문명으로 재구성했다.

불교가 대표적인 예다. 인도에서 시작해 중국을 거쳐 들어온 불교는 한반도에서 사찰 건축, 회화, 철학, 일상의 규범까지 아우르는 문화적 토양으로 정착했고, 이후 일본으로 전파되며 동아시아 불교 문화의 확산 경로가 되었다.

이처럼 한반도는 '경계에 있는 나라'로서 오랜 시간 동안 외부 문명의 통로 역할을 해왔다. 동시에 그 경계성은 수많은 위기와 시련의 원인이 되기도 했다. 몽골, 만주, 청나라, 일본, 러시아, 미국 등 끊임없는 외세의 압박은 이 땅을 분쟁의 현장으로 만들었다. 현대에 이르러서는 남북 분단이라는 극단적인 경계 상황에 이르렀고, 이 경계는 단지 지리적, 군사적 의미에 그치지 않고 국민의 정체성, 가치관, 일상에까지 깊숙이 침투해 있다.

그러나 놀라운 점은, 그러한 시련 속에서도 한반도는 여전히 역동적이고 창조적인 문명의 흐름을 멈추지 않았다는 것이다.

한반도의 문명은 단순히 외세에 끌려다닌 결과물이 아니다. 오히려 경계를 통과해 들어온 문명 요소들을 독창적으로 변형시키며 자신만의 문화적 문법을 만들어온 역사였다. 예를 들어 유교는 중국에서 전래되었지만, 조선에서는 유례없는 정도로 강한 국가 이데올로기로 발전했고, 그 체계는 21세기 대한민국의 교육과 관료제도에도 여전히 깊이 작용하고 있다.

현대에 들어서 K-팝과 K-드라마, K-뷰티 등으로 대표되는 'K-컬처'의 확산 또한 이 경계성의 연장선상에 있다. 외부 문화를 수용하되 그것을 한국적인 정서로 재창조해 전 세계에 다시 수출하는 이 흐름은, 한반도가 여전히 문명의 순환 고리에서 중심적인 역할을 하고 있음을 보여준다.

한반도는 그래서 끊임없이 외부에 열려 있으면서도, 스스로를 잃지 않기 위해 치열하게 싸워온 공간이다.

개방성과 저항, 수용성과 분별, 혼합성과 정체성의 긴장이 이 작은 반도 위에서 수천 년간 반복되었다.

바로 이 긴장 속에서 문명이 자라났다. 경계는 한반도를 끊임없이 흔들었지만, 동시에 더 강하고 유연한 문명적 근육을 만들어준 셈이다.

이제 우리는 한반도를 단지 한국이라는 하나의 국가의 땅으로 보아서는 안 된다.

한반도는 동북아 문명의 거울이며, 경계 위에서 인간이 어떻게 문명을 만들어가는가를 보여주는 인류 문명사의 실험장이기도 하다.

– 뉴욕: 대서양의 관문, 세계의 입구

뉴욕이라는 도시는 시작부터 경계의 도시였다. 이곳은 자연지리적으로 대서양 연안이라는 해양적 경계에 위치하며, 유럽과 아메리카 대륙을 연결하는 핵심 관문이자, 17세기 이후 수많은 이민자들이 육지를 처음 밟는 '문명의 입구' 역할을 해왔다. 네덜란드가 '뉴암스테르담'이라 불렀던 이 도시는 영국 식민지 시절을 거쳐, 미국의 독립과 함께 빠르게 성장하며 근대 세계사의 중심 무대가 되었다.

뉴욕은 물리적으로만 경계에 있는 것이 아니라, 정체성과 문화, 언어, 종교, 계급이 끊임없이 교차하는 복합적 경계의 도시다. 이곳은 단일한 문화나 민족으로 설명될 수 없다. 유럽의 가톨릭과 유대인, 흑인 노예의 후손, 라틴계와 아시아계 이민자들이 서로 다른 언어와 삶의 방식을 가지고 이 도시에 정착했고, 그런 이질성은 때로는 격렬한 충돌을 낳기도 했지만, 결국은 이 도시를 세계에서 가장 창조적이고 역동적인 문명 실험장으로 만들었다.

19세기 후반에서 20세기 초까지의 '엘리스 섬'은 그 자체로 문명의 경계 공간이었다. 하루에도 수천 명의 이민자들이 신대륙에 도착하여 심사를 받았고, 그들 중 많은 이들이 영어를 배우지 못했고, 종교도 달랐고, 피부색도 달랐다. 그러나 이들은 '아메리칸 드림'이라는 하나의 신화를 공유했고, 그 신화 속에서 살아남기 위해 각자의 문화를 희생하거나, 때로는 섞고, 바꾸고, 재창조했다. 뉴욕은 그 결과물이다. 이 도시는 단지 다양한 문화를 보유한 도시가 아니라, '다양성을 운영하는 방식' 자체를 끊임없이 발명해온 도시였다.

뉴욕의 이민자 정체성은 단지 사회적 다문화 구조에 그치지 않는다. 그것은 곧 경제와 예술, 정치, 심지어 도시의 공간 구성 방식에도 영향을 미쳤다. 월스트리트는 전 세계 금융 자본이 교차하는 글로벌 경제의 심장이고, 브루클린은 그래피티와 힙합의 발원지이며, 브로드웨이는 연극과 뮤지컬이라는 예술 산업의 세계적 중심지다.

이러한 다양한 기능들은 뉴욕이라는 도시를 '근대 자본주의 문명의 종합 체험장'으로 만든다. 다양한 요소들이 혼합되고 경쟁하며 새로운 질서를 만들어내는 방식은 뉴욕의 경제 시스템에서뿐 아니라 문화적 코드 전반에 나타난다.

무엇보다 뉴욕은 '기회'라는 상징적 언어를 품은 도시다. 단 한 세대 만에 지위와 계층, 언어와 삶의 양식을 바꿀 수 있다는 이 도시의 신화는 수많은 이들에게 도전을 가능하게 했고, 이는 곧 도시 전체를 지속적인 혁신의 흐름 속에 놓이게 만들었다. 경계에 위치한 도시만이 가질 수 있는 개방성과 역동성은 뉴욕이라는 공간에 깊이 새겨져 있다.

그러나 뉴욕은 단지 가능성과 낙관만으로 설명되지 않는다. 이곳은 빈부 격차, 인종 차별, 문화적 오해가 일상적으로 발생하는 긴장 속의 도시이기도 하다. 바로 그 모순과 충돌이 뉴욕을 세계 문명의 중요한 현장으로 만든다. 이 도시는 끊임없이 스스로를 시험하고, 다시 설계하고, 미래의 문명적 모델을 제안한다.

말하자면 뉴욕은 '경계 위에서 문명을 실험하는 도시'다.

오늘날 뉴욕은 글로벌 네트워크의 중심에 서 있다. 단순한 미국의 도시가 아니라, 수많은 국가의 사람과 자본, 기술과 예술이 실시간으로 연결되는 복합 문명의 매개체이다. 그리고 그 본질은 여전히 변하지 않았다. 뉴욕은 여전히 '도착하는 사람들'의 도시이며, 아직 도달하지 못한 미래를 향한 질문이 끊임없이 제기되는 실험실이다.

이처럼 뉴욕은 도시라는 형식을 빌려 문명의 가능성과 한계를 동시에 품은 공간으로 존재한다.

그렇기에 한반도와 마찬가지로, 뉴욕 또한 '경계에서 문명이 시작된다'는 주제를 상징적으로 구현하는 공간이라 할 수 있다.

- 경계가 주는 창조의 에너지

도시는 단순히 사람이 많이 사는 곳이 아니다. 도시는 인간 문명이 고도로 응축된 공간이자, 끊임없이 새로워지는 시간의 실험장이며, 상이한 것들이 마주치고 반응하며 어떤 '제3의 무엇'을 만들어내는 창조의 무대다.

그리고 이런 도시의 본질은 특히 '경계에 선 도시'에서 가장 극적으로 드러난다. 경계는 불확실한 곳이다. 안과 밖, 중심과 주변, 기존 질서와 새로운 흐름이 뒤엉켜 서로를 시험하는 곳이다. 바로 이 혼란과 긴장이야말로 문명을 앞으로 밀어가는 원동력이 되어왔다.

경계의 공간은 늘 위험과 가능성을 동시에 품는다. 익숙한 것과 낯선 것, 안전과 위협, 자율성과 억압 사이에서 살아가는 도시의 시민은 끊임없이 선택하고 조정하고 창조한다. 한반도와 뉴욕 모두 그러한 경계성의 대표적인 사례다. 한반도는 지정학적으로 동북아시아의 전략적 접점이며, 북으로는 강대국과 접하고 남으로는 바다를 통해 세계와 이어진다.

뉴욕 역시 유럽과 아메리카, 아시아를 잇는 해상 네트워크의 중심이자, 수많은 국가의 문화와 언어가 충돌하는 경계의 심장부다. 이 두 도시는 물리적 공간의 교차점일 뿐 아니라, 인문적·정신적 충돌의 전장이기도 하다.

하지만 경계가 늘 갈등만을 낳는 것은 아니다. 오히려 문명이 발전하는 진짜 이유는 바로 이 갈등을 해결하고, 충돌을 조율하며, 상이한 요소들을 조화시키기 위한 인간의 끊임없는 노력에서 비롯된다. 뉴욕의 예술, 패션, 금융, 기술 산업은 전 세계 다양한 문화 요소들의 접속과 융합에서 자양분을 얻는다.

그 혼종성은 뉴욕을 창조의 도시, 아이디어가 폭발하는 공간으로 만든다. 마찬가지로 한반도는 수많은 외래 문명을 단순히 수용하는 데 그치지 않고, 그것을 변형하고 재해석하는 과정을 거쳐 독자적인 문화와 사유체계를 만들어왔다. 불교와 유교, 현대 민주주의 제도, 대중문화까지—한반도는 경계의 충격을 문화적 진화로 전환시켜온 역사적 기억을 품고 있다.

경계에서 살아가는 인간은 단순한 생존자가 아니라 창조자다. 경계 위에서 탄생하는 삶은 언제나 긴장 속에 있지만, 바로 그 긴장이 인간을 더욱 사유하게 만들고, 이전에는 없던 형태의 삶을 상상하게 만든다. 폐쇄된 공간 속의 안온함이 아니라, 열린 경계 위의 불안정성이야말로 문명적 사고를 자극하는 가장 강력한 힘이다.

도시는 그 힘을 모아낸다. 도시가 문명의 실험장이 될 수 있었던 이유는, 다양한 것이 모이고, 부딪히고, 다시 섞이며, 끊임없이 새로워지는 과정을 멈추지 않았기 때문이다.

한반도와 뉴욕. 하나는 대륙과 해양의 사이에

서 수천 년을 견디며 정체성을 다듬어온 반도이고, 하나는 신대륙의 관문에서 전 세계를 품은 거대한 이민의 도시다. 전혀 다른 뿌리를 가졌지만, 두 도시는 모두 경계 위에 서 있으며, 그 경계 속에서 문명의 다양한 가능성을 실험해왔다.

우리는 이 두 도시를 통해 경계가 단지 공간적 개념이 아니라, 인간 문명이 새롭게 시작되는 철학적 무대라는 사실을 확인하게 된다.

이제 도시를 단지 건물과 도로의 집합으로 보지 말아야 한다. 도시란 다양한 이질성이 모여 긴장과 조화를 이루는 집합체이며, 그 안에서 인간은 늘 새로운 문명적 가능성을 탐색하고 있다. 경계는 불편한 곳이지만, 바로 그 불편함이 역사를 만들고, 문화의 문을 연다. 그렇기에 경계는 위험이 아니라 기회다.

경계에서 문명은 고통받지만, 또한 경계에서 문명은 비로소 태어난다.

"역사는 경계 위에서 만들어진다. 중심은 역사를 보존하지만, 경계는 그것을 창조한다."
— 에드워드 사이드, 『오리엔탈리즘』

제2장. 역사라는 층위 속의 도시

- 한반도: 전쟁과 분단, 그리고 재건의 역사

한반도라는 공간을 이해하려면, 단지 지리를 보는 것을 넘어 그 위에 겹겹이 쌓인 '역사적 층위'를 함께 읽어야 한다. 이 땅은 수많은 전쟁과 침략, 저항과 재건의 시간 위에 존재해왔다. 고조선부터 삼국시대, 고려, 조선, 일제강점기, 그리고 현대에 이르기까지 한반도의 역사는 단절 없는 격랑의 연속이었으며, 이 역사적 진폭은 오늘날 이 지역의 도시 문화, 정치 구조, 국민 정서에까지 깊이 각인되어 있다.

전쟁은 단지 물리적 피해만 남기는 것이 아니다. 한 도시, 한 지역의 정체성에 깊은 상처를 새기고, 그 기억은 건축과 거리, 예술, 제도, 심지어 사람들의 눈빛 속에 살아 숨 쉰다. 한반도는 그런 '상처 위의 도시들'을 품고 있다. 20세기의 가장 결정적인 사건, 한국전쟁은 한반도를 남과 북으로 갈라놓았고, 그 분단은 단지 정치적 경계로 끝나지 않았다. 이는 도시의 구조와 기능에도 영향을 미쳤다. 서울은 '국가의 심장'이라는 위상을 유지하면서도, 북한과의 거리적 긴장감 속에서 성장해야 했고, 이 긴장은 여전히 도시 계획과 국방 전략, 주민 심리에까지 영향을 미치고 있다.

일제강점기 역시 한반도의 도시에 깊은 흔적을 남겼다. 경성(서울)은 일본 식민 정책의 중심지였고, 식민도시로서의 경관은 지금도 도심 곳곳에서 흔적처럼 남아 있다. 일본식 건축물과 철도, 관청 시스템은 해방 이후에도 한동안 그대로 유지되었고, 해방의 기쁨과 더불어 이중적인 감정과 공간 기억을 만들어냈다. 이는 한국 도시의 '이질성'과 '혼합성'을 만들어낸 또 하나의 층위였다.

하지만 한반도의 도시들은 상처를 딛고 놀라운 재건과 발전을 이뤄냈다. 서울은 1950년대 초까지 전쟁의 잿더미 속에 있었지만, 불과 반세기 만에 세계적 도시로 부상했다. 도시가 단지 인프라의 발전만으로 성장하는 것이 아님을 생각할 때, 이 급속한 변화는 도시를 살아가는 사람들의 기억과 사고 방식에도 큰 변화를 요구했다. 고층 빌딩, 스마트시티, 세계적인 문화 콘텐츠로 상징되는 서울은 과거의 흔적과 현재의 야망이 교차하는 대표적인 도시가 되었다.

한반도의 도시는 여전히 분단이라는 조건 아래 놓여 있다. 이는 세계적으로도 드문 현상이며, 이로 인해 한국 사회는 늘 '준비된 위기' 속에서 도시를 운영해야 한다. 북한과의 군사적 긴장, 외교 정책, 심지어 교육과 미디어에 이르기까지 도시적 삶의 리듬은 정치와 군사, 외교의 변수에 크게 영향을 받는다.

그러나 이 역설적인 조건은 또한 한반도 도시의 창의성과 회복탄력성을 키우는 요소로 작용해왔다. 위기 속에서 발전을, 분단 속에서 통일을 상상하는 경험은 전 세계 그 어느 도시보다도 강한 '미래에 대한 사유'를 가능하게 한다.

한반도는 그 자체로 한 문명의 응축체다. 대륙과 해양, 동양과 서양, 침략과 저항, 분단과 통합, 상처와 재건이 모두 이 작은 반도 위에 복합적으로 얽혀 있다. 그리고 이 복잡한 역사의 층위 위에서, 오늘날의 도시들은 여전히 살아 숨 쉬고 있다. 우리는 도시의 표면만이 아니라, 그 밑에 흐르는 기억의 결을 함께 읽을 때, 비로소 문명이라는 보다 큰 이야기를 이해할 수 있게 된다.

- 뉴욕: 이민과 충돌, 그리고 세계화

뉴욕의 역사는 곧 '이동'과 '충돌'의 역사다. 이 도시는 누군가에게는 새로운 삶의 기회를 약속한 땅이었고, 또 다른 누군가에게는 낯선 세계와의 마주침이라는 두려움의 상징이기도 했다.

유럽 대륙에서 바다를 건너온 수많은 이민자들이 이 도시의 항구에 처음 발을 내디뎠을 때, 그들은 각자의 언어, 문화, 신념을 짊어진 채 전혀 새로운 문명 속으로 들어섰다. 이처럼 뉴욕은 처음부터 '다름이 모이는 장소'였으며, 바로 그 다름이 오늘날 뉴욕을 세계의 수도라 불리게 만든 원동력이 되었다.

엘리스 섬은 뉴욕이라는 도시의 경계성과 상징성을 잘 보여주는 장소다. 1892년부터 1954년까지 약 1,200만 명의 이민자들이 이곳을 거쳐 미국으로 들어왔다. 엘리스 섬은 단지 입국 심사소가 아니라, 정체성과 문명의 경계가 실질적으로 작동하는 현장이었다.

이곳에서는 이름이 바뀌고, 언어가 교체되고, 가족이 분리되며, 개인의 과거가 현재로부터 단절되었다. 그리고 그런 단절은 새로운 통합의 가능성을 낳기도 했다. 뉴욕은 그렇게 무수한 이질적 삶들을 수용하고 혼합하며 자신만의 독특한 도시 문명을 형성해왔다.

그러나 이민자들의 만남은 언제나 평화롭지만은 않았다. 언어와 종교, 인종과 계급의 차이는 자주 사회적 긴장과 충돌을 불러일으켰다. 19세기 말부터 20세기 중반까지 뉴욕은 다양한 인종 폭동과 범죄, 차별과 갈등을 경험했다. 하지만 흥미로운 것은 그러한 충돌이 도시를 파괴하지 않고, 오히려 도시의 적응력을 높였다는 점이다.

뉴욕은 위기를 통해 도시 시스템을 재정비했고, 사회적 타협과 제도적 조정을 통해 다양성을 유지할 수 있는 방식들을 조금씩 만들어갔다. 다문화 사회의 모델은 결코 자연스럽게 완성된 것이 아니었다. 그것은 충돌의 역사 위에 끊임없이 수정된 실험의 결과였다.

이러한 뉴욕의 역사적 조건은 세계화 시대에 들어서 더욱 의미 있게 작용했다. 20세기 후반 이후 자본, 정보, 예술, 기술이 국경을 넘나드는 세계 속에서 뉴욕은 단순한 미국의 도시가 아니라, '세계가 자신을 실험하는 공간'으로 자리 잡았다.

월스트리트는 세계 금융의 흐름을 주도했고, 유엔 본부는 국제 정치의 상징이 되었으며, 소호와 브루클린, 퀸스는 세계 각지의 예술과 문화가 충돌하고 협력하는 창조의 무대가 되었다.

그 중심에는 늘 이민자와 타자, 다름에 대한 도시의 집단적 반응이 있었다.

9·11 테러는 뉴욕의 역사에서 또 하나의 거

대한 전환점이었다. 물리적 공간의 붕괴와 심리적 충격은 이 도시가 지닌 '열림'의 상징을 무너뜨릴 위기를 낳았다. 그러나 뉴욕은 다시 회복되었고, 오히려 세계의 이목은 더욱 집중되었다. 테러 이후 뉴욕은 '경계 없는 세계'라는 이상이 얼마나 취약한지를 깨달았고, 동시에 그럼에도 불구하고 왜 여전히 다름을 포용하고 조정하는 도시가 필요했는지를 다시 증명해냈다.

이 사건은 뉴욕이 세계사의 중심에서 단지 상징이 아닌 실질적인 문명 실험장이라는 사실을 더욱 분명히 보여주었다.

뉴욕은 역사적으로 늘 갈등과 충돌을 품고 살아온 도시다. 그러나 이 도시는 그 안에서 새로운 방식의 문명적 응답을 모색해왔다. 다양한 언어와 문화가 공존하고, 대립과 타협이 일상화된 이 도시에서 살아간다는 것은 곧 '경계에 존재하는 인간'으로 산다는 뜻이기도 하다. 뉴욕은 과거의 기억과 미래의 실

힘이 동시에 작동하는 살아 있는 도시다.

바로 그렇기에, 뉴욕의 역사를 읽는다는 것은 단지 한 도시의 연대기를 파악하는 것이 아니라, 오늘날 세계 문명이 어떻게 작동하고 있는지를 이해하는 가장 생생한 창을 여는 일이라 할 수 있다.

- 외세와 내부 충돌이 남긴 흔적

도시를 움직이는 힘은 언제나 내부로부터만 생성되지는 않는다. 역사적으로 도시의 변화는 종종 외부에서 밀려든 힘에 의해 급속히 가속되었으며, 그 외세의 충격은 도시의 정체성과 구조, 심지어 주민들의 사고방식에까지 깊은 흔적을 남기곤 했다.

뉴욕과 한반도—이 두 공간은 서로 다른 방식으로 외세와 충돌했고, 또 내부적으로 다양한 균열과 대립을 겪어왔다. 그리고 그러한 격동의 기억은 단지 과거의 사건으로 머물지 않고 오늘날 도시가 스스로를 이해하고 재구성하는 데 중요한 토대가 되고 있다.

한반도는 유사 이래 끊임없는 외세의 영향 속에서 문명을 발전시켜 왔다. 고구려와 백제가 당나라, 왜국과의 전쟁을 치렀고, 고려는 거란과 몽골의 침입을 받았으며, 조선은 명과 청의 외교적 틈바구니에서 줄타기를 해야 했다.

하지만 그보다 더 강력한 외세의 충격은 20세기 초 일본의 식민 지배였다. 36년간 지속된 일제강점기는 한반도의 도시를 근대화시키는 동시에 식민화하는 이중적인 효과를 가져왔다.

서울(경성)은 철저히 통제되고 기획된 도시로 변모했고, 일본식 관청과 학교, 경찰 체계가 사회 구석구석에 침투했다. 그 흔적은 지금도 서울의 구도심 곳곳에서 여전히 발견된다.

이 외세의 흔적은 단지 건축과 제도에 그치지 않았다. 한국인의 자존감, 공간감각, 공동체 의식 자체가 식민 시기를 통과하며 변화했고, 그 상처는 해방 이후에도 도시의 정체성과 국가 시스템 전반에 뿌리 깊게 남았다.

뉴욕의 경우, 외세의 직접적인 식민 통치는

없었지만, 내부의 충돌은 일종의 '심리적 외세'로 작용했다. 19세기 후반부터 20세기 중반까지 밀려든 수많은 이민자들은 기존의 문화 구조를 위협하는 존재로 여겨졌고, 이에 따라 다양한 차별과 폭력, 배제의 역사가 이어졌다.

유럽계 백인과 아프리카계, 라틴계, 아시아계 주민 사이의 갈등은 도시 내 공간 분리와 사회적 격차를 심화시켰고, 이는 오늘날에도 '브롱크스 vs 맨해튼', '퀸스 vs 맨해튼'이라는 상징적 거리감으로 이어지고 있다.

무엇보다 뉴욕은 세계의 흐름에 민감하게 반응하는 도시인 만큼, 세계적인 사건의 여파를 가장 빠르게 체감하고, 가장 크게 흔들리는 도시이기도 하다. 대공황, 세계대전, 9·11 테러, 금융위기 등, 흥미로운 것은, 이런 외세의 충격과 내부의 갈등이 도시를 파괴하거나 정체되게 만들지 않았다는 점이다.

오히려 뉴욕과 한반도 모두 그러한 상처를 새로운 문화적 창조의 에너지로 바꾸어냈다. 서울은 전쟁과 분단, 식민의 기억 위에 첨단 기술 도시, 대중문화의 수도로 거듭났고, 뉴욕은 이민과 충돌, 테러의 도시에서 다시 '다름을 품는 모델 도시'로 진화했다.

그 과정에서 두 도시 모두 고통과 혼란을 겪었지만, 그 속에서 자신만의 문명적 언어를 창조해 냈다.

도시란 결국 기억의 덩어리다. 그 기억은 외세의 발자국일 수도 있고, 내부의 눈물일 수도 있다. 뉴욕과 한반도는 그 기억을 지우기보다, 마주하고 소화해내며 자신만의 정체성을 만들어왔다. 바로 이 점이 두 도시를 단지 생존의 공간이 아닌, 문명적 실험과 사유의 장소로 만들어주는 이유다.

- 도시는 어떻게 기억을 저장하는가

도시는 단지 건물과 도로, 인구 밀도와 경제 지표로 정의되지 않는다. 도시는 시간의 흐름을 품은 공간이며, 기억의 형상화를 통해 존재하는 '살아 있는 역사'다. 도시를 걷는다는 것은 곧 그 도시가 지나온 시간, 겪은 충돌, 흘려보낸 눈물과 환희를 발밑에 느끼며 함께 걷는 것이다. 그리고 도시마다 그 기억을 저장하는 방식은 다르다.

 어떤 도시는 잊음을 선택하고, 어떤 도시는 기억을 기념하며, 또 어떤 도시는 그 기억을 예술로, 제도로, 공간으로 다시 조직한다.

뉴욕과 한반도는 모두 '기억의 도시'다. 두 곳 모두 격렬한 역사적 경험을 지나왔으며, 그 기억을 지우기보다는 도시의 일부로 끌어안고 있다. 뉴욕에는 단지 고층 빌딩과 네온사인만 있는 것이 아니다.

9·11 테러를 추모하는 그라운드 제로, 인종 차별의 역사를 기억하게 하는 할렘, 이민자들의 꿈과 절망이 교차했던 엘리스 섬, 노동자와 예술가들의 열망이 뒤섞인 소호와 브루클린—이 모든 장소는 단지 지리적 구획이 아니라, 특정한 시대와 감정을 기억하는 '기억의 레이어'다.

뉴욕은 그 기억을 드러내는 데 적극적인 도시다. 거리의 벽화, 기념비, 박물관, 재단, 이름 붙여진 거리 하나하나가 잊지 않으려는 도시의 의지를 반영한다. 예를 들어 9·11 추모 공원은 단지 희생자를 기리는 장소가 아니라, 도시 전체가 어떤 상처를 어떻게 받아들이고 회복하려 하는지를 보여주는 일종의 '문명적 애도 공간'이다.

이런 공간들은 도시 구성원들이 공동체로서의 정체성을 유지하고, 과거의 경험을 미래의 선택에 반영할 수 있도록 돕는다.

한반도 또한 기억의 공간이 도처에 흩어져 있다. 서울에는 전쟁기념관이 있고, 독립운동의 흔적이 서린 서대문 형무소가 있으며, 광복 이후 민주화의 길목마다 수많은 현장이 존재한다. 더 나아가, 분단이라는 '지속 중인 역사'가 만들어낸 DMZ는 세계적으로 유례없는 '살아 있는 경계의 기억' 공간이다.

이곳은 단지 군사적 비무장지대가 아니라, 전쟁과 평화, 적대와 희망이 동시에 교차하는 장소이며, 아직도 결론 나지 않은 역사적 서사가 도시 전체의 의식 속에 스며들어 있다.

기억은 단지 보존의 문제가 아니다. 어떤 기억을 어떻게 기념하고, 무엇을 삭제하고, 어떤 방식으로 서사화하는가는 도시의 철학을 보여준다. 어떤 도시는 승리만을 기억하고, 어떤 도시는 희생을 중심에 둔다. 어떤 도시는 과거를 미화하고, 어떤 도시는 그것을 해체한다.

뉴욕과 한반도는 모두 상처를 미화하지 않는다. 오히려 그 상처를 '서로 다른 이들의 이야기'로 품어내며, 기억의 다층성을 인정하는 도시다. 그래서 이 두 도시는 단지 강한 도시가 아니라, 성찰하는 도시이며, 고통을 자산으로 전환해내는 문명의 공간이다.

도시가 기억을 저장한다는 것은 단지 과거를 간직한다는 뜻이 아니다. 그것은 미래를 설계하기 위한 기초를 놓는 일이다. 기억 없는 도시는 방향을 잃고 흔들리지만, 기억을 품은 도시는 복잡한 세계 속에서도 스스로의 길을 만들어 간다. 뉴욕과 한반도는 그러한 도시다. 경계에서 흔들리되, 흔들림 속에서 자신을 다시 새기는 도시.

그리고 그 도시의 기억 속에서, 우리는 문명의 본질을 조금 더 깊이 이해하게 된다.

"경계는 갈등의 장소이자 창조의 무대다."
— 움베르토 에코

제3장. 문화, 다양성을 실험하다

- 다문화 사회란 무엇인가: 뉴욕의 케이스

다문화(multi-culture)는 단순히 다양한 인종과 국적이 공존한다는 의미를 넘어, 서로 다른 삶의 방식, 세계관, 언어, 가치가 물리적으로 맞닿고, 사회 구조 속에서 지속적으로 상호 작용하는 상태를 말한다. 그리고 이 실험이 가장 극적으로 전개되는 무대가 바로 도시다.

그중에서도 뉴욕은 세계에서 가장 다양한 인종, 언어, 종교, 문화가 실제로 함께 살아가는 대표적인 '다문화 도시'로 꼽힌다.

하지만 뉴욕의 다문화는 처음부터 평화로운 공존의 모델이었던 것은 아니다. 오히려 그것은 수많은 충돌과 갈등, 긴장과 타협, 차별과 연대의 복잡한 과정을 통해 형성된 하나의 '문명적 진화의 결과물'이다.

19세기 후반, 유럽에서 건너온 이민자들이

이탈리아, 아일랜드, 독일, 유대계 커뮤니티를 형성하면서 시작된 뉴욕의 다문화 역사는 20세기 들어 아프리카계, 라틴계, 아시아계 이민의 물결과 함께 훨씬 더 복잡한 양상을 띠게 된다.

초기에는 지역별로, 인종별로, 심지어 종교별로 철저히 구획된 커뮤니티가 형성되었고, 이는 경제적 불균형과 교육, 고용 기회의 차별로 이어졌다.

브롱크스, 퀸스, 할렘, 차이나타운, 리틀이탈리 등은 단순한 지명이 아니라, '차이의 경계선'이 실질적으로 존재하는 장소였다. 그곳에서 사람들은 문화적 정체성을 유지하는 동시에, 주류 사회에 적응하기 위해 끊임없이 자신의 언어, 관습, 외모, 태도를 조정해야 했다.

뉴욕의 진정한 힘은 이 '차이를 관리하고 조직하는 능력'에 있었다. 도시 행정과 교육

시스템은 비교적 이른 시기부터 다문화의 현실을 받아들이고, '통합'이 아니라 '공존'을 목표로 삼았다.

공립학교에서는 다국어를 허용했고, 도서관과 문화센터는 지역별로 특화된 프로그램을 운영했으며, 예술과 음식, 패션은 각 문화권의 표현을 도시 전체의 자산으로 끌어올렸다.

오늘날 뉴욕은 각 문화가 자신의 색을 유지하면서도 도시 전체의 정체성을 구성하는 방식으로 진화한 대표 사례로, 세계화 시대의 '살아 있는 문명 실험실'로 기능하고 있다.

이 다문화적 실험이 뉴욕을 특별하게 만드는 이유는, 그것이 단지 '다름을 허용하는 것'에 그치지 않고, 다름을 에너지로 전환하는 메커니즘을 갖추었다는 점이다. 언어의 혼종, 요리의 융합, 예술의 파괴적 실험, 거리문화의 다양성은 모두 충돌의 결과물이자, 새로운 문명적 감각의 탄생을 의미한다. 뉴욕은 지금

이 순간에도 다문화라는 문명 실험을 멈추지 않는 도시다.

그 안에서 사람들은 서로 다르기 때문에 더 복잡한 소통을 시도하고, 그렇기 때문에 더 새로운 가능성을 상상할 수 있게 된다.

- 문화의 수출국이 된 한반도

한반도는 오랫동안 외래 문명을 받아들이는 '수용자'의 입장에 있었다. 중국에서 유입된 유교와 불교, 일본을 거쳐 도입된 서구의 근대화 사상과 제도, 미국을 통해 전파된 대중문화와 소비문화까지—한반도의 문화는 오랫동안 외부에서 온 사상과 기술, 예술의 영향 속에서 구성되고 변화되어왔다.

하지만 21세기에 들어서면서 놀라운 반전이 일어난다. 한반도는 이제 더 이상 수동적인 수용자가 아니라, 문화 콘텐츠를 '발신'하고, 세계로 영향력을 확장하는 문화의 수출국, 나아가 새로운 문명 감각을 제안하는 정신적 생산자의 위치에 올라선 것이다.

이 변화를 상징적으로 보여주는 것이 바로 'K-컬처'의 확산이다. K-팝, K-드라마, K-무비, K-뷰티, K-푸드로 이어지는 한국 대중문화는 단순한 유행을 넘어서, 전 세계

대중의 감정과 취향, 사유 방식에 영향을 주는 문화적 생태계를 구축하고 있다.

방탄소년단(BTS), 블랙핑크, 기생충, 오징어 게임 등은 더 이상 특정 장르의 성공 사례가 아니라, '한국적 상상력'이 글로벌 시장에서 통하는 방식, 즉 현대 문명의 언어로 변환된 동아시아의 감수성을 대표하는 기호로 읽힌다.

이러한 변화는 한반도의 지리적, 역사적, 정신적 조건과 무관하지 않다. 외세의 지배와 분단, 산업화와 민주화, 빠른 근대화와 고유한 전통 사이의 충돌 속에서 형성된 한국 사회는 어느 하나의 단일한 정체성을 고집하지 않는다.

오히려 다양한 문명 요소를 빠르게 소화하고, 재조합하고, 새로운 서사로 전환하는 데 익숙하다. 이 유연성과 감각은 문화 콘텐츠 제작 과정에도 그대로 반영된다. 한국의 대중문화는 할리우드식 서사 구조를 차용하면서도, 유교적 가족관계, 불교적 윤회 인식, 전통적인 공동체 의식 등을 적절히 녹여내며 전 세계에 '익숙하지만 새로운 감동'을 제공하고 있다.

흥미로운 점은, 한국이 전통적으로 '표현을 억제하는 문화'를 가졌음에도 불구하고, 대중문화 영역에서는 매우 감각적이고 실험적이며 글로벌 지향적인 문법을 구사하고 있다는 사실이다. 이는 곧 한반도라는 공간이 지닌 '경계성'의 효과이기도 하다.

동양과 서양, 대륙과 해양, 전통과 현대, 고통과 희망이 교차하며 형성된 정서적 복합성은 한국 문화가 다양한 문화권의 정서와 쉽게 연결되도록 만들어준다.

또한 한반도는 지리적으로는 작지만, 문화적 자율성이 강한 지역이다. 정치적으로 강대국 사이에 끼어 있었던 만큼, 문화적으로는 스스로를 방어하고 재정립하려는 에너지가 강했다. 바로 이 점이 오늘날 문화산업에서도 '작지만 강한' 창의성을 만들어내는 배경이 된다.

예산이 적어도 정교한 서사와 감성, 세련된 연출로 세계적 파급력을 갖춘 콘텐츠를 생산할 수 있었던 이유다.

이제 한반도는 단지 '문화 수출국'이라는 명칭만으로는 설명되지 않는다. 이 땅에서 만들어지는 콘텐츠는 단순한 상품이 아니라, 새로운 문명의 감수성과 인간 이해의 방식을 제안하는 하나의 정신적 언어가 되어가고 있다.

한반도는 그렇게, 오래도록 받아들이던 자리에서, 이제는 질문을 던지고 답을 제시하는 문명의 발화지점이 되어가고 있다.

– 음식, 예술, 언어에서 본 문화 융합

문명이란 거대한 이념이나 제도만으로 이루어지지 않는다. 오히려 사람들의 일상 속에서 반복적으로 경험되고, 자연스럽게 체화되는 삶의 방식 속에서 문명은 더 깊이 작동한다. 특히 음식, 예술, 언어는 한 사회의 정체성과 가치관을 가장 직접적이고 생생하게 드러내는 매개체다.

뉴욕과 한반도, 이 두 공간은 전혀 다른 문화권에 속해 있지만, 공통적으로 '문화 융합의 실험장'이라는 점에서 놀라운 유사성을 보여준다. 각기 다른 문명이 경계를 넘나들며 새롭게 태어나는 장소—그것이 바로 이 두 도시다.

뉴욕의 거리를 걷다 보면, 한 도시 안에 얼마나 다양한 세계가 공존하는지를 실감하게 된다.

한 블록에서는 중국계 식당의 향신료 냄새가 퍼지고, 그 옆 골목에서는 이탈리아 피자와 유대인의 베이글이 나란히 팔린다. 코셔 마트 옆에 있는 인도 향신료 가게, 남미식 타코 트럭, 한국식 치킨집까지—뉴욕의 음식은 단지 입맛의 다양성이 아니라, 다문화가 어떻게 도시의 일상이 되는지를 보여주는 상징이다.

이러한 음식 문화는 각 문화가 자신의 고유성을 유지하면서도, 도시라는 컨텍스트 안에서 새로운 조합으로 재해석되는 방식으로 진화한다.

한편 한반도 역시 음식 문화의 융합을 통해 전통과 현대, 지역과 세계를 연결하고 있다. 불고기 피자, 김치 햄버거, 된장 라면 같은 음식은 단지 퓨전 요리라는 장르를 넘어서, 한국인의 입맛과 정체성이 외래 문화를 어떻게 소화하고 변형시키는지를 보여준다.

특히 한식은 최근 들어 'K-푸드'라는 이

름으로 세계적인 브랜드화에 성공하면서, 발효, 건강, 정갈함, 공유의 철학 등 전통적인 요소를 현대적 감각으로 재조명하는 데 성공했다. 음식은 그렇게 국경을 넘고, 문명을 교차시키는 문화적 언어가 된다.

예술 분야에서도 두 도시는 문화 융합의 중심지 역할을 해왔다. 뉴욕은 20세기 현대미술의 핵심 도시이자, 재즈, 힙합, 그래피티, 현대무용 등 기존의 예술 형식을 해체하고 재구성하는 장르들이 태어난 곳이다. 이질적인 요소들을 충돌시키며 새로운 미학을 만들어내는 뉴욕의 예술은 곧 '혼종성' 그 자체를 예술로 승화시킨 문명적 실험이라 할 수 있다.

한국은 전통 예술과 현대 예술의 융합이 점점 더 활발해지고 있다. 국악과 전자음악의 결합, 한복을 현대적으로 재해석한 패션, 서예와 디지털 타이포그래피의 조합 등은 한국적 미감이 세계 무대에서도 경쟁력 있는 형태로 다시 태어나고 있음을 보여준다.

과거에는 모방의 대상이던 서구 예술이 이제는 대등한 파트너이자, 때로는 영감을 얻는 대상이 되어가고 있는 것이다.

언어 역시 문화 융합의 중요한 현장이다. 뉴욕에서는 영어가 공용어이지만, 그 영어는 더 이상 단일한 언어체계가 아니다. 라틴어 어휘, 이디시어, 한국어와 일본어에서 차용된 단어들이 섞인 도시 특유의 구어체가 형성되어 있다. 지하철 방송부터 거리의 간판, 심지어 드라마 속 대사까지 다양한 언어와 억양이 혼재하며 새로운 도시 언어를 만들어내고 있다.

한국 역시 다문화 사회로 전환되면서 언어의 구조가 미묘하게 변화하고 있다. 외국어 표기 병행, 외래어의 일상화, 이주민을 위한 언어 지원 정책 등이 활발히 이루어지면서, 언어는 더 이상 민족 정체성의 수호자가 아니라,

'포용과 번역의 플랫폼'이 되고 있다.

한글의 과학성과 창의성이 디지털 시대에 적합하다는 평가 속에서, 한국어는 점점 더 글로벌 소통 언어로서의 가능성까지 확보해가고 있다.

이처럼 음식, 예술, 언어는 단지 문화의 일부가 아니라, 문명이 스스로를 갱신하는 도구다. 뉴욕과 한반도는 이 세 영역에서 끊임없이 융합을 실험하고 있으며, 그 결과는 단지 지역적인 성공에 그치지 않고, 21세기 문명의 감각을 새롭게 정의하는 데 기여하고 있다.

경계 위의 문화는 그래서 늘 살아 있고, 변화하며, 사람과 사람, 세계와 세계를 이어주는 다리가 된다.

- 경계에서 탄생하는 새로운 정체성

정체성이란 고정된 것이 아니다. 오히려 그것은 끊임없이 변형되고, 흔들리고, 재구성되는 유동적인 상태다. 특히 경계에 서 있는 인간은 늘 자신의 위치를 다시 묻고, 타자와의 관계 속에서 자신의 정체성을 새롭게 정립해야 한다.

뉴욕과 한반도는 바로 이런 경계적 인간상이 가장 극적으로 드러나는 도시이자 공간이다. 이곳에서 살아가는 사람들은 자신이 누구이며, 어디에 속해 있는지를 묻는 데 익숙하다. 그것은 곧 현대 문명이 직면한 정체성의 위기이자, 동시에 창조의 기회다.

뉴욕은 이민자들의 도시다. 이곳에 사는 사람들은 대부분 '어디에서 왔는가'라는 질문을 한 번쯤 받아봤을 것이다. 미국인이면서도 이탈리아계, 아프리카계, 아일랜드계, 한국계라는 수식어를 달고 살아야 하고, 언어는 영어지만 억양은 각기 다르다.

출신은 다르지만, 같은 공간에서 살아가는 이들은 점점 자신이 어떤 '혼합된 존재'임을 받아들이기 시작한다. 이러한 조건은 처음에는 혼란을 낳지만, 곧 새로운 자각을 만든다. '순수한 정체성'은 없다는 것, 모든 인간은 결국 복수의 문화와 기억, 언어를 품고 살아간다는 사실을 자연스럽게 체득하게 되는 것이다.

한반도는 조금 다른 방식으로 정체성의 경계에 서 있다. 분단 이후, 남과 북이라는 이중의 정치적 현실 속에서 한국인은 늘 '하나이면서 둘'이라는 이율배반적 감각을 안고 살아왔다. 같은 언어를 쓰지만 서로 다른 이념과 체제, 문화를 가진 두 집단은 서로를 동질적으로 느끼면서도 타자화할 수밖에 없는 복잡한 심리적 구조를 형성했다.

여기에 외래 문명과의 격렬한 접촉은 '한국

적인 것'이란 무엇인가에 대한 질문을 지속적으로 제기하게 만들었다. 급속한 산업화, 도시화, 민주화, 세계화 과정 속에서 한국 사회는 전통과 현대, 동양과 서양, 지역성과 세계성 사이에서 끊임없이 자신의 위치를 재조정해야 했다.

그 결과, 뉴욕과 한반도 모두 새로운 정체성 실험의 공간으로 거듭났다. 뉴욕에서 '뉴요커'란 단순한 지역명이 아니라, 다문화 환경 속에서 유연하고 창조적으로 살아가는 인간형을 의미한다. 다양성은 여기서 생존 전략이자 정체성의 일부가 된다.

마찬가지로 한국에서도 'K-정체성'이라 불릴 수 있는 새로운 집단 감각이 떠오르고 있다. 그것은 전통을 기반으로 하되, 글로벌 감각과 기술 감수성, 미적 직관이 결합된 새로운 문화적 자아이며, 더 이상 서구를 모방하는 존재가 아니라, 문화 흐름의 생산자이자 재해석자로서의 자각을 내포하고 있다.

이러한 정체성은 고정된 이름보다 관계 속에서 생성되는 자아에 가깝다. 경계 위에 선 존재는 자기 안의 타자를 수용할 줄 알며, 불완전함을 숙명으로 받아들이고, 모호함 속에서도 새로운 질서를 만들어낸다.

뉴욕과 한반도는 지금 이 순간에도 그런 정체성 실험을 멈추지 않고 있으며, 이 실험은 도시를 넘어서, 인류 전체가 직면한 문명적 질문에 응답하는 방식이기도 하다.

결국 우리는 묻게 된다. "나는 어디에 속해 있는가?" 이 질문에 대한 답은 더 이상 하나의 언어나 민족, 제도나 전통으로 환원될 수 없다. 오히려 그 질문을 계속 안고 살아가는 방식—그것이야말로 경계 위에서 살아가는 인간의 가장 문명적인 자세일 것이다. 그리고 그런 인간이 살아가는 도시, 그런 도시들이 모여 만든 세계야말로, 우리가 지금 새롭게 써 내려가야 할 문명의 다음 장이 될 것이다.

"중심은 완고하고, 경계는 유연하다. 문명은 유연한 곳에서 시작된다."
— 질 들뢰즈

제4장. 도시에서 인간을 다시 읽다

- 경계인(境界人)으로 살아간다는 것_정체성의 교차로

도시는 인간이 가장 집약적으로 존재하는 공간이다. 수많은 타자들과 함께 살아가야 하며, 언제나 변화와 충돌, 선택과 적응의 연속 속에 놓인다. 그래서 도시는 인간 정체성의 거울이며, 동시에 시험대이기도 하다. 우리는 도시에서 "나는 누구인가?"보다 "나는 어디에 속해 있는가?"라는 질문을 더 자주, 더 절박하게 던진다.

뉴욕과 한반도는 이 질문을 가장 집요하게 요구하는 장소다.

이곳에 사는 사람들은 단지 한 공간에 거주하는 것이 아니라, 문명적 겹침과 긴장의 경계선 위에서 살아간다.

뉴욕에서 살아간다는 것은, 단일한 정체성만으로는 도시의 속도를 따라갈 수 없다는 것을 의미한다. 이민자의 자녀는 부모의 언어를 이해하면서도 학교에서는 미국식 영어로 대화해야 하고, 집에서는 전통 음식을 먹지만 친구들과는 타코를 나눠 먹으며, 종교적으로는 유대교 가정에서 자랐지만 대학에서는 불교 철학을 배우며 자아를 탐색한다. 뉴욕이라는 도시는 그런 '다층적 인간'을 전제로 작동한다.

그렇기에 이곳에서 자라나는 사람들은 자연스럽게 "나는 어느 문화, 어느 언어, 어느 세계에 속하는가?"를 고민하게 된다. 이는 불안하지만 동시에 해방적이다.

정체성을 하나로 고정하지 않아도 된다는 인식은 새로운 인간형의 출현을 가능하게 한다.

한반도는 다른 방식으로 동일한 질문을 던지게 만든다. 분단이라는 특수한 역사적 상황은 한국인에게 늘 '나와 우리', '안과 밖', '동질성과 이질성' 사이의 선택을 요구해왔다.

게다가 빠른 산업화, 도시화, 세계화의 흐름 속에서 개인은 과거의 가족 중심적 공동체 안에 머물 수 없었고, 동시에 서구적 개인주의를 온전히 받아들이지도 못한 채, 정체성의 혼란 속에 놓이게 되었다.

한국의 청년 세대는 세계시민이 되고자 하면서도 동시에 민족의 기억과 언어, 분단의 역사를 떠안은 채 살아간다.

그들은 스마트폰으로 세계의 음악을 듣고, 넷플릭스로 다양한 문화를 소비하면서도, 설날에는 조상께 절을 하고, 군 복무나 입시 제도 같은 지역 특유의 사회 구조 안에서 자기 삶을 설계해야 한다.

이처럼 도시에서의 인간은 언제나 '하나'로 존재하지 않는다. 그는 다양한 층위의 문화와 기억, 제도와 욕망이 교차하는 지점에서 존재한다.

정체성이란 그래서 '소속'보다는 '관계'이며, '고정'이 아니라 '형성'이다. 도시에서 살아간다는 것은 자신의 위치를 끊임없이 조정하는 일이자, 자기 서사를 새롭게 구성해가는 일이다.

뉴욕과 한반도에서 살아가는 인간은 단순한 도시인이 아니라, 경계인이다.

그는 어느 한편에도 완전히 속하지 않으며, 어느 한 체계로도 완전히 정의되지 않는다. 하지만 바로 그 유동성과 모호함 속에서 그는 새로운 연결을 만들어낸다.

정체성이란 단일하지 않고, 그 불완전함 속에 오히려 더 넓은 세계를 품는 가능성이 있다. 도시에서 인간은 그래서 '질문하는 존재'다.

그 질문이 불편할수록, 문명은 더 깊어진다.

그리고 바로 그 질문 속에서, 우리는 새로운 인간상과 공동체의 윤곽을 발견하게 된다.

- 경계인의 심리와 생존 방식

도시에는 단순히 '사는 사람'이 아니라, '살아내야 하는 사람'이 있다. 특히 뉴욕과 한반도처럼 수많은 충돌과 긴장이 내재된 경계의 도시에 사는 이들은 단지 주민이 아니라 '경계인'이다. 이 경계인은 어느 하나에 속하지 못하고, 동시에 여러 경계를 넘나들며 살아가는 존재다.

그는 이중적인 정체성을 안고 있고, 상반된 가치 사이에서 끊임없이 균형을 잡아야 하며, 타자에게 자신을 설명하고 설득하는 데 익숙하다. 그만큼 경계인은 심리적으로 복잡한 층위를 갖는다.

그의 생존 방식은 흔히 말하는 '순응'이나 '저항'이라는 이분법으로는 설명되지 않는다. 오히려 그는 섬세하고 유연하게 자신의 감정과 태도를 조절하며, 동시에 끊임없이 자신을 다시 정의해가야 한다.

뉴욕의 경계인은 '영원한 이방인'이기도 하다. 그는 자신이 속한 커뮤니티 안에서 정체성을 지키려 하지만, 그 공동체 자체가 주류 사회의 경계 밖에 위치해 있다.

이민자의 자녀는 영어를 완벽하게 구사하면서도, 집 안에서는 부모 세대의 문화를 따라야 하며, 학교에서는 백인 중심의 사회 구조에 적응해야 한다. 이 과정에서 그는 자신의 목소리를 내기보다는 조율하고 절충하는 기술을 익힌다. 바로 그 '자기 조정 능력'이 경계인의 첫 번째 생존 전략이다.

한편 한반도의 경계인은 정치적 경계, 역사적 단절, 그리고 사회적 압력 속에서 성장해왔다. 남과 북, 전통과 근대, 공동체와 개인 사이에서 그는 늘 선택을 강요받고, 그 선택의 결과를 스스로 감당해야 한다.

한국 사회는 집단적 질서를 중시하면서도 개

인의 경쟁을 조장하고, 전통을 중시하면서도 서구적 효율성을 요구한다. 이런 이중 구조 속에서 살아가는 사람들은 매우 높은 수준의 긴장감과 자기 통제를 경험한다.

그래서 한반도의 경계인은 감정을 쉽게 드러내지 않고, 관찰과 내면화, 신속한 판단과 조절을 통해 생존을 모색한다. 그는 외부 변화에 민감하고, 동시에 자신을 억제하며 타인의 기대에 반응하는 능력을 발달시킨다.

이것은 생존을 위한 '감정의 절제'이자, 자기 보호의 방식이기도 하다.

경계인의 두 번째 전략은 복수의 언어를 구사하는 능력이다. 여기서 말하는 '언어'는 단지 말이 아니라, 문화 코드, 사회적 신호, 태도의 조절 방식까지 포함한다.

뉴욕의 경계인은 한 가지 주제도 세 가지 방식으로 말할 수 있어야 한다. 친구에게 말할 때, 직장 동료에게 말할 때, 가족에게 말할 때—그는 상황에 따라 어휘와 태도, 감정의 강도를 조절한다.

한국의 경계인 또한 공적인 자리와 사적인 자리에서 말투와 행동, 표현 방식을 철저히 구분한다. 공공에서의 예절, 집단 안에서의 위치, 연령과 계층에 따른 언어의 변화는 모두 '살아남기 위한 코드'다.

이러한 다중 언어 구사 능력은 경계인의 강점이면서도, 때로는 피로감을 불러오는 요소이기도 하다. 그는 늘 자신을 '설정'한 상태로 살아가며, 긴장을 풀 수 있는 순간이 많지 않다.

세 번째 전략은 혼합된 정체성의 창조다. 경계인은 끝내 하나로 귀속되지 않음으로써, 기존에 없던 제3의 정체성을 만들어낸다. 그는 백인이 아니고, 흑인도 아니며, 한국인도 아니고, 외국인도 아니다. 하지만 그 '중간자'의 위치에서 그는 새로운 문화를 만들고, 전혀 다른 커뮤니티를 생성하고, 이전에는 상상되지 않던 삶의 방식을 창조한다.

뉴욕의 거리 예술, K-팝의 세계화, 다문화적 교육 모델, 혼혈 문화 가정의 일상 등은 모두 이 경계인이 만들어낸 문명적 결과물이다.

경계인은 상처받지만, 동시에 세상을 가장 먼저 감지하고, 새롭게 그리는 사람이다.

결국 도시란 이 경계인들이 서로의 다름을 조율하고, 새로운 인간 관계와 공동체를 실험하는 장소다.

그리고 뉴욕과 한반도는 바로 이런 경계적 삶의 조건을 가장 첨예하게 보여주는 도시다.

그 안에서 살아가는 이들은 오늘날 문명이 요구하는 '복합적 인간상'을 실시간으로 살아내고 있으며, 그들의 생존 방식은 곧 우리가 마주한 시대의 해답이기도 하다.

- 도시는 거울인가, 무대인가?

도시를 걷는다는 것은 단지 공간을 이동하는 행위가 아니다. 그것은 자기 자신을 의식하고, 타인의 시선 속에서 스스로를 구성해가는 존재적 연기의 시간이며, 동시에 수많은 얼굴과 소리, 공간과 기호가 뒤섞인 세계 속에서 자신을 비추어보는 내면의 반사 작용이기도 하다.
이러한 맥락에서 도시란 과연 무대인가, 거울인가—이 질문은 단순한 비유를 넘어 인간과 도시 사이의 근본적인 관계를 묻는 철학적 명제다.

무대란 연출된 공간이다. 사람이 무대에 서는 순간, 그는 일상의 자아를 잠시 내려놓고 역할을 수행하게 된다. 도시 또한 그렇다. 뉴욕의 타임스퀘어나 서울의 강남대로, 홍대 거리처럼 사람들의 옷차림, 말투, 걷는 속도, 심지어 감정 표현까지 달라지는 공간이 있다. 이곳에서 사람들은 끊임없이 '보이는 존재'

로 살아간다.

지하철 안에서는 조용히 책을 읽던 사람이 거리 공연 앞에서는 흥겹게 리듬을 타고, 사무실에서는 정중했던 이가 야시장의 조명 아래에서는 아이처럼 웃는다. 도시란 다양한 무대가 병렬로 존재하는 공간이며, 인간은 이 무대들을 옮겨 다니며 각기 다른 자아를 연기한다.

특히 뉴욕은 이런 연기의 극단을 경험하게 만드는 도시다. 브로드웨이의 배우들만 연기하는 것이 아니다. 퀸스의 노점상, 월스트리트의 투자자, 브루클린의 뮤지션, 소호의 예술가—모두가 자신만의 캐릭터를 갖고 있다. 그들은 도시라는 거대한 스크린 위에서 각자의 방식으로 메시지를 전달하고, 이미지를 만들며, 타인에게 자신을 설득한다.

이러한 연기의 연속은 피로감을 동반하기도 하지만, 동시에 창조의 원천이 된다.

도시는 일상의 무대이며, 연기하는 인간은 그 도시의 주체이자 표현자다.

반면 도시는 또한 거울이다. 인간은 도시를 통해 자신을 바라본다. 건물의 유리창에 비친 자신의 얼굴, 혼잡한 거리 속에서 느끼는 고독, 광고판에 비치는 욕망, 스쳐 지나가는 군중 속에서 문득 떠오르는 존재감—도시는 언제나 인간에게 스스로를 되돌아보게 만드는 반사 장치다.

한반도는 이 '거울의 도시성'을 가장 정제된 형태로 보여준다. 전통과 현대, 분단과 통일, 보수와 진보, 혼돈과 질서가 공존하는 서울이라는 공간은 단순히 기능적 수도가 아니라, 한국인의 심리적 내부를 비추는 장치다.

현대적인 고층 건물과 그 앞의 고궁, 디지털 광고판 옆의 절간, 인터넷 카페 옆의 찻집—이러한 병렬적 조화 속에서 한국인은 자신의

'다중 정체성'을 매일 비추어보게 된다.
도시가 인간에게 거울이 되는 또 다른 방식은 '타자'를 통해서다.

뉴욕에서는 지하철에서 마주친 수십 명의 이방인을 통해, 한반도에서는 이웃한 국가의 뉴스와 대화 속에서, 우리는 늘 우리 자신이 누구인지 다시 묻게 된다.

타자의 존재는 우리로 하여금 우리가 가진 문화적, 언어적, 신념적 위치를 자각하게 만들며, 도시는 그러한 타자들과의 조우가 일상적으로 벌어지는 장소다.

그래서 도시는 인간의 내면을 객관화하는 거울이 된다.

결국 도시는 무대이자 거울이다. 인간은 도시에서 연기하고, 동시에 반성한다. 그는 타자 앞에서 새로운 자아를 창조하고, 그 창조된 자아가 자신 안의 무엇을 의미하는지를 되묻는다.

뉴욕과 한반도는 이 과정을 가장 첨예하게 보여주는 도시다. 그곳에서 살아가는 사람들은 늘 연기와 반성, 표현과 침묵, 타자와 자아 사이를 오가며 자신의 존재를 구성한다.

도시는 결국 인간의 집이 아니라, 인간 그 자체의 또 다른 형태일지 모른다.
무대 위에서 인간은 가능성을 실험하고, 거울 앞에서 인간은 본질을 마주한다.
도시란, 그 둘이 동시에 일어나는 살아 있는 문명의 공간이다.

– 공존과 갈등, 도시 윤리의 탄생

도시란 결코 평온한 공간이 아니다. 오히려 도시란, 다른 이들이 너무 가까이 있는 공간이다.

도시에서는 낯선 이와 어깨를 부딪히며 걷고, 벽 하나 사이로 타인의 숨결을 느끼며 잠들어야 하며, 신호등 하나 건너 서로 다른 언어, 가치, 신념이 충돌하는 것을 보며 하루를 시작해야 한다.

도시는 이질성이 농축된 곳이며, 그 이질성을 관리하는 기술 없이는 공동체 자체가 성립되지 않는다.

그래서 도시에서 탄생한 가장 중요한 문명적 자산 중 하나는 윤리다.

그리고 그 윤리는 정치적 이념이 아니라, 생활의 예술이며 존재의 기술이다.

뉴욕은 수많은 '다름'이 공존하는 도시다.

종교적으로는 기독교, 유대교, 이슬람, 불교, 무신론이 공존하고, 인종적으로는 백인, 흑인, 라틴계, 아시아계가 뒤섞이며, 경제적으로는 억만장자의 펜트하우스와 노숙인의 지하철 구역이 같은 도시 안에 존재한다.

이러한 극단적 다양성은 늘 갈등을 예비하지만, 동시에 '어떻게 살아갈 것인가'라는 질문을 실천적으로 묻게 만든다.

뉴욕의 시민들이 보여주는 배려, 침묵, 거리두기, 그리고 어떤 순간의 연대는 바로 그런 일상 속에서 형성된 '도시 윤리'다.

예컨대 지하철 안에서 모두가 조용히 각자의 휴대폰 화면을 들여다보는 풍경은, 단순한 냉담함이 아니다. 그것은 서로의 삶에 불필요하게 개입하지 않으면서도, 필요한 순간에는 주저 없이 손을 내밀 준비가 되어 있는 '도시적 거리감'의 윤리다.

길거리 퍼포먼스를 바라보며 모르는 이들과 함께 웃고 박수 치다가도, 그들과 말은 섞지 않고 흩어지는 익명의 공동체 감각. 이것이 바로 도시가 만든 인간 관계의 윤리적 형태다.
한반도 역시, 공존과 갈등의 복잡한 윤리를 축적해온 공간이다.

이곳은 오랜 시간 강대국의 틈바구니에서 살아남기 위한 집단적 생존 기술을 발전시켜야 했고, 내부적으로는 지역, 계층, 세대, 이념의 갈등 속에서 어떻게든 '공동체'를 유지해야 했다.
그 과정에서 한반도의 도시들은 독특한 집단 윤리를 형성했다.

사적인 감정을 공적 공간에 쉽게 드러내지 않으며, 체면과 배려, 암묵적 규범이 강하게 작동하는 사회. 이것은 단순한 보수성이 아니라, 오랜 시간 다름과 갈등을 조절하며 공존해야 했던 공간이 만들어낸 생존의 윤리다.

하지만 한국 사회도 이제 다문화 사회로 전환되며, 새로운 윤리적 딜레마와 마주하고 있다.
타자와 어떻게 공존할 것인가? 이질적인 삶의 방식을 어디까지 수용하고, 어디서부터는 조율해야 하는가?

공존은 단지 선의만으로 이루어지지 않는다.
공존은 갈등을 인정하고, 그것을 조율할 제도와 감각, 언어와 태도를 함께 발달시키는 과정 속에서만 가능하다.

도시 윤리는 그렇게 '모두가 조금씩 불편함을 감수하면서도, 무너지지 않는 질서'를 만드는 예술이다.

그것은 이상적인 합의가 아니라, 지속적인 조정이며, 매 순간 선택의 연속이다.

뉴욕과 한반도는 이 어려운 과제를 오랜 시간 실험해온 도시들이며, 바로 그 점에서 문명의 실천적 모델이 된다.

결국, 공존과 갈등은 서로의 반대말이 아니다. 갈등이 있는 곳에서 진짜 공존이 가능하며, 공존을 시도하는 곳에서만 갈등은 윤리로 승화된다.

도시는 그 실험이 벌어지는 가장 첨예한 공간이며, 그 윤리의 성패에 따라 문명의 방향은 달라질 수 있다.

"경계는 질문을 낳고, 질문은 진보를 부른다."
— 미셸 푸코

제5장. 공통점으로 본 문명의 단서

- 지정학적 요충지라는 숙명

한반도와 뉴욕은 서로 다른 대륙에 위치해 있음에도 불구하고, 인류 문명의 흐름 속에서 공통된 지리적 숙명을 지니고 있다. 이들은 모두 '경계'에 위치한 도시이며, 그 경계는 단지 물리적 위치가 아니라, 문명이 충돌하고 흐름이 바뀌는 지점이라는 점에서 특별한 의미를 갖는다.

한반도는 아시아 대륙의 동쪽 끝, 유라시아 대륙과 태평양이 맞닿는 곳에 위치하며, 이웃한 중국과 일본이라는 거대 문명권 사이에서 수천 년 동안 교류와 침략, 수용과 저항을 반복해왔다. 반도라는 지형적 특성은 대륙으로부터 밀려오는 외세의 영향에 언제나 노출되어 있었고, 동시에 바다를 통해 문명을 외부로 전파하는 출구 역할도 감당해야 했다.

이처럼 한반도는 '닫힌 지형'과 '열린 통로'라는 상반된 속성을 동시에 품고 있으며,

바로 그 이중성이 이 지역이 지닌 문명사적 긴장의 핵심이다.

뉴욕 역시 마찬가지로 대서양을 등지고 서 있는 도시로, 유럽과 북미를 연결하는 전략적 해양 관문에 자리하고 있다. 17세기 네덜란드 식민지였던 '뉴암스테르담'에서 시작된 이 도시는, 이후 영국의 지배를 거치며 식민지 교역과 해상 무역의 중심지로 성장했고, 독립 이후에는 미국의 산업과 금융, 문화의 중심으로 급부상하게 된다.

뉴욕의 위치는 단지 미국 내 경제 중심지라는 의미에 그치지 않는다. 이 도시는 유럽의 자본과 사상이 아메리카 대륙으로 진입하는 입구였고, 동시에 아메리카의 새로운 질서와 감각이 다시 유럽과 아시아로 역류해 나가는 발신지였다.

즉 뉴욕은 단방향적 이동이 아니라 문명의 흐름이 양방향으로 교차하는 문명 순환의 회랑이자, 그 흐름을 설계하고 조율하는 매개 도시로 기능해온 것이다.

한반도와 뉴욕이 공통적으로 지닌 이 지정학적 위치는 그 자체로 문명사적 의미를 띤다. 두 도시 모두 자연환경이 특별히 풍요롭거나 자원이 월등한 것도 아니며, 인구 밀도가 항상 유리했던 것도 아니다.

그럼에도 불구하고 문명의 중심에 서게 된 이유는, 외부의 흐름과 내부의 생존이 절묘하게 교차하는 '문명의 경계점'에 위치해 있었기 때문이다. 경계란 본질적으로 불안정한 공간이다. 그러나 바로 그 불안정성 속에서 새로운 가능성이 열린다.

외세의 위협에 민감하고, 외부 문명의 유입에 적극적으로 반응하며, 내부 정체성에 대한 고민이 깊어질수록, 도시와 인간은 더 복잡하고 정교한 생존 전략을 개발하게 된다. 한반도는 그 전략을 통해 수용과 저항, 혼합과 변형이라는 독자적인 문명적 리듬을 형성했고, 뉴욕은 이질성의 충돌을 자산으로 전환해 다문화의 창조성을 극대화하는 데 성공했다.

지정학이란 단지 세계지도 위에서의 위치를 의미하지 않는다. 그것은 어떤 공간이 갖는 역사적 의미, 권력 구조 안에서의 민감성, 외부와의 접촉 빈도와 양상, 그리고 무엇보다도 변화에 대응하는 도시의 내적 능력과 의지의 총합이다.

그런 점에서 한반도와 뉴욕은 단지 세계의 끝자락이나 시작점이 아니라, 문명의 전환이 가장 먼저 감지되는 문명의 감각기관이라 할 수 있다. 이들은 세계 질서가 변할 때마다 새로운 사명을 부여받았고, 그 사명을 감당하며 동시에 자신의 정체성을 재정립해왔다.

지금도 그렇다. 한반도는 여전히 동북아 정세의 균형추이며, 뉴욕은 여전히 글로벌 자본과 문화, 정치의 축이 교차하는 공간이다. 이 지정학적 요충지라는 조건은 숙명처럼 주어졌지만, 동시에 이 도시들이 문명을 실험하고 설계할 수 있는 무대로 변모하게 만든 원동력이기도 하다.

바로 그 점에서 한반도와 뉴욕은 단지 도시가 아니라, 문명이 자기를 비추고 방향을 모색하는 거울 같은 공간이며, 무대 같은 전략지점이다.

- 분단과 공존의 역설

한반도와 뉴욕은 지리적 조건도, 역사적 경로도 전혀 다르지만, 놀랍게도 이 둘은 각각의 방식으로 '분단과 공존'이라는 문명적 역설을 품고 있다. 한반도는 지구상 유일한 분단국가라는 정치적 현실 속에 있으며, 그 분단은 단지 남과 북이라는 국가의 경계에 머무르지 않고, 이념과 체제, 언어와 감정, 기억과 전망을 모두 양분시키는 총체적 구조로 작동하고 있다.

한국 사회는 지금 이 순간에도 단일한 민족과 언어를 공유하면서도 서로 다른 국가를 향해 살아가는 '심리적 이중국가'를 경험하고 있으며, 그것은 시민들의 정체성뿐 아니라 도시의 공간 구조, 제도, 의식 속에도 깊게 스며 있다. 반면 뉴욕은 하나의 통일된 국가 안에 있지만, 내부적으로는 종교, 인종, 국적, 계층, 언어 등 수많은 차이와 균열이 공존하는 공간이다.

이 도시는 지리적으로는 분단되어 있지 않지만, 사회적으로는 무수한 보이지 않는 경계들이 존재하며, 그 경계는 때로 폭력과 차별, 소외와 긴장으로 현실화되기도 한다. 이처럼 외면적으로는 단일성을 유지하면서도, 내면적으로는 다층적인 분열과 겹침을 경험하는 뉴욕은 '공존이라는 이름의 분단'을, 한반도는 '분단이라는 이름의 공존'을 실험하고 있는 셈이다.

한반도의 분단은 전쟁의 결과로 물리적 경계가 생긴 사건이지만, 그 이후 수십 년 동안 그 경계는 단단한 현실로 고착되며 사람들의 삶에 깊은 층위를 만들어냈다. 분단 이후 태어난 세대들은 북에 가본 적도, 실감해본 적도 없지만, 교육과 미디어, 제도의 언어 속에서 여전히 '같은 민족이지만 다른 나라'라는 이중 명제를 받아들이며 살아간다.

서울에서 평양은 지리적으로 가까우나 정치적으로는 가장 먼 도시이며, 이 비가시적 거리감은 국가 정체성과 국민 정서에 일관된 분열감을 만들어낸다. 아이러니하게도 이러한 분단 구조는 한국 사회가 하나의 내부적 정체성을 결속시키는 데에도 일정한 역할을 해왔다.

북한이라는 외부 타자의 존재는 '우리는 누구인가'라는 질문을 지속적으로 제기하게 만들었고, 그 질문은 민족주의와 시민의식, 근대국가로서의 자기 정립 과정과 맞물리며 도시 문명의 질서를 형성하는 데 영향을 주었다.

뉴욕의 공존은 겉보기에는 다양성과 포용의 상징처럼 보이지만, 그 이면에는 구조적인 불균형과 보이지 않는 분단이 존재한다. 맨해튼의 중심가와 브롱크스의 변두리, 월스트리트의 금융인들과 브루클린의 노동자 계층은 같은 도시를 공유하지만 전혀 다른 세계를 살아간다.

뉴욕의 학교는 다문화 교육을 강조하지만, 여전히 거주지에 따라 교육 자원과 수준이 천차만별이며, 병원과 치안, 문화 접근성 또한 지역과 계층에 따라 극명하게 갈린다. 이처럼 '하나의 도시 안에 둘 이상의 도시가 존재하는 상태'는 뉴욕이라는 대도시가 품고 있는 공존의 역설이자, 분단의 또 다른 형태다.

그럼에도 불구하고 뉴욕은 그 다양성을 완전히 봉합하거나 강제로 통일하려 하지 않고, 충돌을 최소화하며 각자의 다름이 유지될 수 있도록 유연한 구조를 설계해 왔다. 이는 완전한 평등이나 이상적 조화와는 거리가 멀지만, 현실적 다문화 도시가 유지될 수 있는 최소한의 조건이자, 도시 윤리의 실천이라 할 수 있다.

한반도와 뉴욕은 이처럼 상반된 조건 속에서 '분단과 공존'이라는 문명적 과제를 끊임없이 마주하고 있다. 그들은 분열을 극복하려 하기보다는 분열 속에서 어떤 형태의 질서와 의미를 만들어낼 것인가를 고민하며, 이 과정을 통해 새로운 사회적 감각과 문명적 전략을 축적해왔다.

분단은 단지 실패나 상처가 아니라, 새로운 형태의 연대와 상상력을 요청하는 전환의 계기일 수 있다. 공존은 단지 평화로운 동거가 아니라, 차이를 인정하고 균형을 감내하며 갈등 속에서도 함께 살아가는 법을 배우는 과정이다.

뉴욕과 한반도가 보여주는 이 문명적 역설은, 우리 시대가 직면한 수많은 갈등의 해법에 중요한 통찰을 제공한다. 그것은 곧 '하나로 통합되지 않아도 함께 살아갈 수 있는 법'을 배우는 일이며, 문명이 단일한 이상이 아니라 복수의 현실을 품고 성장해 온 복합체임을 인정하는 성숙한 시선이기도 하다.

- 상징도시의 발신력과 파급력

도시는 단순히 사람들이 모여 사는 거주지가 아니라, 상징이 만들어지고 전파되는 거대한 발신 장치이기도 하다. 특히 뉴욕과 서울은 각각 미국과 한반도의 심장부에 위치하면서, 자신이 속한 문명권 전체를 대표하거나 재해석하는 상징도시로 기능해왔다.

뉴욕은 단지 미국의 대도시 중 하나가 아니라, 세계 자본주의의 심장, 자유의 상징, 다문화 실험의 무대, 예술과 미디어의 발신지로 인식된다. 서울 또한 단순한 수도를 넘어, 산업화와 민주화의 격변을 통과한 도시, 분단의 현실과 통일의 가능성을 동시에 품은 도시, 그리고 이제는 K-문화의 허브이자 디지털 문명의 실험실로 기능하고 있다.

이처럼 두 도시는 자신이 속한 지역을 넘어서 세계와의 접점을 형성하며, 일상적 경험을 넘어서는 의미를 외부로 발신한다.

뉴욕은 이민자의 도시이자 금융의 중심, 그리고 문명의 최전선으로서 독보적인 발신력을 갖고 있다. 타임스퀘어의 빛나는 광고판과 브로드웨이의 무대, 월스트리트의 속보와 UN 본부의 회의장까지—이 모든 공간은 뉴욕이 단지 물리적 장소가 아니라, 전 지구적으로 영향력을 행사하는 '메시지의 출발점'임을 보여준다.

 뉴욕에서 벌어지는 사건은 그 자체로 뉴스가 되며, 그 뉴스는 다시 세계인의 의식에 파장을 일으킨다. 9·11 테러가 미국 내부의 사건을 넘어 전 지구적 패러다임의 전환점이 되었던 이유도, 코로나19 초기 확산이 세계의 긴장을 촉발시킨 계기가 되었던 것도 모두 뉴욕이라는 도시가 갖는 발신력의 구조와 연결되어 있다. 뉴욕은 도시이면서도 동시에 '세계의 거울'이자 '화두를 던지는 플랫폼'이다.

서울 역시 이제는 단지 한국인의 도시가 아니라, 세계가 주목하는 상징적 도시로 진화하고 있다. 과거 산업화의 상징이었던 청계천의 콘크리트 하천은 이제 생태 복원의 상징적 프로젝트로 세계 도시 정책의 벤치마킹 대상이 되었고, 홍대와 성수동 같은 거리문화는 더 이상 지역 하위문화가 아니라 세계 관광객이 찾는 창조적 공간으로 자리 잡았다.

서울의 K-팝 공연장은 세계 팬들의 성지가 되었고, 드라마 촬영지 하나가 세계인의 여행 경로를 바꾸기도 한다. 이처럼 서울은 더 이상 소비의 공간이 아니라, 문화와 이미지, 감성의 수출 기지로서의 위상을 점점 공고히 하고 있으며, 이는 도시가 단지 인프라나 인구 규모로 측정될 수 없다는 사실을 웅변한다.

이 두 도시는 각자의 방식으로 이미지를 생산하고, 담론을 형성하며, 감정을 발신하는 장치로 작동한다. 뉴욕은 근대 자본주의와 민주주의, 대중문화의 중심으로서 자신을 세계에

투영해왔고, 서울은 전통과 첨단, 집단성과 개인성, 아시아성과 보편성을 모두 아우르는 독특한 감수성을 발신해왔다.

이 발신력은 단지 국가의 힘이나 도시의 물리적 조건에서 비롯되는 것이 아니다. 그것은 도시 구성원들이 만들어내는 문화적 집단 지성과 상징 자본의 총합이며, 외부로부터 투사된 기대와 내부로부터 솟구치는 에너지의 교차점에서 생성된다. 도시가 상징이 되는 순간, 그 도시는 단지 지역사회가 아니라 문명적 언어로 기능하게 된다.

뉴욕과 서울은 그런 점에서 자신이 속한 사회를 대변함과 동시에, 그 사회가 미처 자각하지 못한 미래를 먼저 말하는 예언자의 도시이기도 하다.

상징도시가 가지는 파급력은 단지 물리적 거리나 경제 규모가 아니라, 사람들이 그 도시에서 어떤 감정과 비전을 발견하는가에 따라

달라지며, 이 두 도시는 그 감정과 비전을 주입하는 데 있어 누구보다도 능숙한 이야기꾼이자 연출가다.

그렇기 때문에 뉴욕과 서울은 전 지구적 문명 네트워크에서 독립된 단위가 아니라, 지속적으로 타 문명과 대화하고 재구성되며, 다시 세계로 돌아가는 순환적 문명의 플랫폼으로 존재하게 된다.

- 역사적 전환의 현장

도시는 종종 역사의 배경처럼 보이지만, 사실 역사의 진짜 주인공은 도시일 때가 많다. 한 시대가 끝나고 다른 시대가 시작될 때, 새로운 질서가 형성되고 기존의 세계관이 무너질 때, 우리는 그 변화의 진앙지에 항상 어떤 도시의 이름을 발견한다.

뉴욕과 한반도는 그런 의미에서 '역사적 전환의 무대'였다. 두 도시는 각각의 방식으로 세계사의 중대한 전환점에 위치해 있었고, 그 순간마다 인간과 문명의 방향을 결정짓는 실험이 벌어졌다. 한반도는 20세기 동아시아 역사의 축이 바뀌는 자리에서, 제국주의의 몰락과 냉전의 도래, 식민에서 독립으로, 전통에서 근대로의 흐름 속에 있었다.

그 중심에는 언제나 서울이 있었고, 서울은 단지 국가의 수도가 아니라, 시대의 흐름과 권력의 논리를 가시화하는 공간이었다. 조선

왕조의 정궁이 세워졌던 경복궁에서 일제가 식민통치의 상징으로 총독부를 세운 일, 해방 이후 광복군과 미군이 동시에 입성했던 장면, 6·25 전쟁으로 도시 전체가 폐허가 되었다가 다시 재건되던 시기, 민주화의 함성과 최루탄이 충돌했던 1980년대의 거리들, 이 모든 순간들은 단지 도시에서 일어난 사건이 아니라 역사가 도시의 얼굴로 구체화된 장면들이었다.

뉴욕 역시 수차례 세계사의 전환기를 통과하며 그 자체로 하나의 서사가 되었다. 미국 독립전쟁 당시 전략적 요충지였던 뉴욕은 이후 이민자들의 물결을 받아들이며 미국이 '이상으로서의 국가'가 아니라 '현실로서의 사회'로 전환되는 현장을 상징하게 되었고, 20세기 들어 금융 자본이 산업 자본을 대체하는 순간, 뉴욕은 산업의 도시에서 금융의 도시로, 노동의 도시에서 정보의 도시로 바뀌는 세계 자본 흐름의 전환축이 되었다.

9·11 테러는 단지 뉴욕의 재난이 아니라, 전 세계가 '안전한 세계'에서 '불안의 세계'로 이행하는 경계선이 되었으며, 이후 뉴욕은 감시, 안보, 정보, 신뢰라는 현대 문명의 핵심 키워드를 새롭게 조정해야 하는 과제를 안게 되었다.

팬데믹 시기에도 뉴욕은 세계에서 가장 먼저 위기를 체감하고, 동시에 가장 빠르게 회복 전략을 구상한 도시 중 하나였으며, 이는 뉴욕이 여전히 문명 전환의 최전선에 있다는 사실을 다시 한번 입증하는 계기가 되었다.

역사의 전환은 단지 제도의 변화나 권력의 이동만을 의미하지 않는다. 그것은 감각의 이동이고, 시간의 흐름을 인식하는 방식의 전환이며, 인간이 자신을 세계와 어떻게 연결짓는가에 대한 사유의 전환이기도 하다.

 한반도와 뉴욕은 바로 그 전환의 현장에 있었고, 그 현장에서 살아가는 인간의 존재 방식과 사고 틀은 매번 새롭게 구성되어야 했다. 이것은 도시의 인프라나 정책으로는 설명되지 않는 변화다.

그것은 건물의 높이나 인구 수보다 훨씬 깊은 층위, 바로 인문적 구조와 문명적 반응의 패턴에서만 읽혀지는 변화다. 서울이 보여주는 긴장감 넘치는 질서와 끊임없는 재건의 의지는 역사의 파고를 수용하면서도 자신을 잃지 않으려는 도시의 방어 전략이자, 재생의 에너지다.

뉴욕의 감각적 속도와 상징 조작 능력은 역사라는 파도를 타고 스스로를 다시 연출하는 도시의 극적인 생존 본능이다.

결국 이 두 도시는 어떤 문명이 어떤 방향으로 이동해왔는지를 보여주는 살아 있는 시간의 단서이자, 세계가 앞으로 어디로 나아갈지를 예측할 수 있는 예민한 나침반이다. 우리는 뉴욕과 한반도를 통해 도시가 어떻게 문명의 변화에 응답하는지를, 그리고 도시가 어떻게 역사의 방향을 다시 쓰는지를 목격하게 된다.

 전환은 혼란이고, 동시에 기회이며, 그 혼란을 먼저 체감한 도시만이 문명의 다음 페이지를 열 수 있는 자격을 얻게 된다. 바로 그 점에서 뉴욕과 한반도는 지금도 여전히, 그리고 앞으로도 역사적 전환의 무대 위에 서 있는 도시들이다.

- 세계 문명 흐름 속에서의 위치

문명은 결코 하나의 길을 따라 직선적으로 진보하지 않는다. 오히려 그것은 수많은 흐름이 교차하고 충돌하며 때로는 병렬적으로 전개되는 다층적 운동이다. 그런 의미에서 뉴욕과 한반도는 각기 다른 문명권 속에 놓이면서도, 그것을 넘어서고 재조정할 수 있는 독특한 위치를 점유해왔다.

뉴욕은 아메리카 대륙의 관문이자 대서양 문명의 교차로로서, 서구 문명이 유럽 중심에서 미국 중심으로 이동하는 과정의 실질적 플랫폼 역할을 해왔다. 반면 한반도는 동아시아 문명의 끝자락이자 시작점으로서, 대륙 문명과 해양 문명이 충돌하는 지점에 위치하며, 중국, 일본, 러시아, 미국이라는 서로 다른 문명 질서 속에서 자기 위치를 끊임없이 협상해 온 공간이다.

이 두 도시는 세계 문명사의 거대한 흐름 안

에서 단지 종속되거나 따라가는 존재가 아니라, 흐름을 교차시키고 그 안에서 새로운 가능성을 발화시키는 '축적의 공간'이자 '통로의 공간'이다.

뉴욕은 근대 이후 세계 문명이 급속히 서구 중심으로 재편되는 과정에서 자본과 기술, 이민과 정보가 집결하는 중심지로 떠올랐다. 하지만 그 중심성은 단지 권력의 집중에서 오는 것이 아니라, 끊임없이 주변의 목소리를 흡수하고 재가공하며, 세계의 다양한 문명 요소를 뉴욕이라는 이름 아래 묶어내는 조율 능력에서 비롯되었다.

뉴욕은 유럽 문명의 심장을 아메리카의 언어로 다시 말했고, 유대적 전통과 아프리카적 감각, 라틴의 열정과 아시아의 절제를 교차시켜 새로운 문명적 문법을 만들어냈다. 바로 그 지점에서 뉴욕은 하나의 문명이 아니라 '문명들의 결절점'으로 존재하게 되었다. 이 도시의 힘은 단일한 전통에 뿌리를 두지 않고, 다양한 흐름을 엮어내는 혼종성과 유연성에서 나온다.

한반도 역시 자신만의 문명적 언어를 갖추기까지 긴 시간 동안 외래 문명과 충돌하고 타협하며, 끊임없이 내면을 개조해야 했다. 고대에는 중국의 한자 문명을 수용하면서도 독자적인 음운 체계를 바탕으로 한글이라는 고유 문자 체계를 창조했고, 근대에는 일본 제국주의 아래에서 억압된 민족 정체성을 문화적 저항으로 승화시키며 독특한 예술과 사상을 만들어냈다.

현대에 와서는 서구적 제도와 기술을 빠르게 흡수하는 동시에, 이를 한국적 감수성과 결합시켜 K-팝, K-드라마, K-디자인 등 새로운 문화 양식을 창조하고 이를 전 세계로 발신하기에 이르렀다. 한반도는 그렇게 '수용'과 '재구성', '발신'의 삼중 구조를 반복하며 세계 문명 흐름 속에서 점차 주변에서 중심으로 이동해왔다.

이러한 문명적 위치는 단지 결과가 아니라 과정 그 자체에 의미가 있다.

뉴욕과 한반도는 모두 지속적으로 변화하는 세계 질서 속에서 '자기 위치를 묻는 도시'이며, 그 질문은 새로운 문명 질서가 형성될 때마다 다시 제기된다. 글로벌 경제가 재편되고, 지정학적 구도가 변화하며, 디지털 네트워크가 국경을 무의미하게 만들고 있는 지금, 이 두 도시는 여전히 문명의 흐름 안에서 그 좌표를 갱신 중이다.

뉴욕은 기후 위기와 인공지능 시대의 도시 모델을 제시하는 동시에, 다문화 시민성이 어떤 윤리와 규범을 요구하는지를 실험하고 있으며, 한반도는 동북아시아의 지정학적 긴장 속에서 평화, 기술, 문화의 교차점으로서 자기 정체성을 다시 설정하고 있다.

결국 세계 문명 흐름 속에서 뉴욕과 한반도는 단지 중심이거나 주변인 공간이 아니라, 경계를 넘나들며 문명의 다음 단계를 예고하는 '이행의 도시'로 존재한다. 이 도시는 문명이 단일하지 않다는 사실, 문명이 늘 충돌 속에서 진화한다는 진실, 그리고 그 진화를 이끄는 것은 종종 중심이 아니라 '경계에 선 도시들'이라는 사실을 보여준다.

그렇게 뉴욕과 한반도는 오늘도 흐름 속에서 흔들리면서도, 새로운 흐름을 만들어내는 힘의 원천으로 남아 있다.

"모든 창조는 두 세계가 만나는 지점에서 일어난다."
— 칼 융

제6장. 경계에서 문명은 시작된다

- 문명은 언제나 경계에서 탄생했다

인류의 역사를 되돌아보면, 문명의 기원은 단일한 문화나 인종의 독립적 발전이 아니라, 다양한 집단이 만나고 충돌하며 상호작용하는 경계 지대에서 비롯되었다. 예를 들어, 메소포타미아 문명은 티그리스강과 유프라테스강 사이의 비옥한 초승달 지대에서 발생했는데, 이 지역은 다양한 부족과 문화가 교차하는 지점이었다.

이러한 환경은 농업의 발전과 도시의 형성을 촉진시켰으며, 다양한 문화의 융합을 통해 새로운 사회 구조와 기술이 탄생하게 했다. 이처럼 경계는 단순한 지리적 구분이 아니라, 새로운 아이디어와 기술, 문화가 교류하고 발전하는 공간이었다.

이러한 패턴은 이후 이집트 문명, 인더스 문명, 황허 문명에서도 반복된다. 이들은 모두 강과 강이 만나는 접경지대, 대륙과 대륙의 중첩지에서 발생했다. 특히 이들 문명은 단순히 자원만이 아니라, 교류와 접촉이 활발한 지점이라는 공통점을 지닌다.

현대 사회에서도 이러한 경계의 중요성은 여전히 유효하다. 다양한 문화와 인종이 공존하는 도시들은 새로운 예술, 음식, 패션 등을 창조하며, 글로벌 문화의 중심지로 자리 잡고 있다.

이스탄불은 유럽과 아시아가 만나는 경계에서 오스만과 비잔틴, 그리스와 이슬람이 섞여 살아온 문명의 흔적을 품고 있으며, 싱가포르는 중국계, 말레이계, 인도계, 서양계가 섞여 만들어낸 초다문화 도시로 동남아의 허브로 기능하고 있다.

이러한 도시들은 과거의 문명 발생지와 마찬가지로, 다양한 배경을 가진 사람들이 모여 새로운 가치를 창출하는 공간으로 기능하고 있다.

특히 이러한 경계 도시에서는 과거에 대한 기억, 다양한 문화의 공존, 이질적 요소의 창조적 충돌이 동시에 일어난다. 따라서 경계는 과거와 현재를 통틀어 문명의 탄생과 발전에 핵심적인 역할을 해왔다고 볼 수 있으며, 앞으로도 문명이 다시 태어나는 진원지가 될 것이다.

- 혼합과 충돌의 역사, 문명의 패턴

문명의 역사는 단순한 선형 발전이 아닌 복잡하고 반복적인 혼합과 충돌의 과정을 통해 이루어져왔다. 문명이 특정 시점에 특정 민족이나 지역에서 고립적으로 꽃핀 것이 아니라, 수많은 상이한 요소들이 만나고, 때로는 충돌하며, 때로는 융합하면서 새로운 질서를 만들어낸 결과라는 점은 고대에서 현대에 이르기까지 반복되어온 공통된 패턴이다.

고대 로마 제국은 지중해 연안의 수많은 문화와 종교, 제도를 통합하며 강력한 제국을 건설했지만, 그 자체가 수많은 혼종의 결과였다는 점을 잊어선 안 된다.

로마는 그리스 철학과 예술을 받아들였고, 동방에서 유입된 신앙과 생활 방식을 제도화했으며, 북아프리카와 이집트의 기술과 농업 시스템을 도시 행정에 통합했다. 이처럼 다양한 배경과 유산이 하나의 제국 안에서 서로 얽히며 새로운 정체성을 형성한 것이다.

그러나 이러한 혼합은 언제나 평화로운 조화를 이루었던 것은 아니었다. 문화 간의 마찰은 종종 갈등과 전쟁으로 비화되었고, 특정 문명의 우월성과 배타성은 폭력적인 지배로 이어지기도 했다. 하지만 그럼에도 불구하고, 문명은 그러한 충돌 속에서도 새로운 형태로 재편되었고, 파괴와 창조가 반복되는 가운데 더욱 복잡하고 정교한 사회 체계를 만들어갔다.

현대에 들어서도 이 혼합과 충돌의 패턴은 계속되고 있다. 유럽의 이슬람 이민자 문제, 미국 내 인종 간 긴장, 동남아시아의 다민족 갈등 등은 단지 갈등의 문제로 끝나는 것이 아니라, 그 사회가 앞으로 어떤 가치 체계를 만들어낼 것인지에 대한 시험대이기도 하다.

갈등이 없는 공존은 이상일 뿐이며, 실질적인 문명은 언제나 이질성 속에서 긴장과 균형을 이루어가는 복잡한 협상 속에서 태어난다.

오늘날의 글로벌 도시들 역시 이러한 혼합과 충돌의 최전선에 서 있다.

뉴욕, 런던, 파리, 서울과 같은 도시들은 전 세계에서 유입된 사람들, 언어, 관습, 종교, 음식, 예술이 혼재하는 공간이며, 이러한 요소들이 충돌과 조율을 반복하며 새로운 도시 문명을 만들어내고 있다.

이러한 도시는 '문명 충돌의 실험장'이자, '공존의 기술'을 시험하는 공간이기도 하다. 따라서 문명의 패턴은 단순한 확장이나 정복의 역사라기보다는, 다름을 어떻게 견디고, 수용하고, 변형시키느냐에 따라 결정되는 내적인 문화 진화의 흐름이라 할 수 있다.

우리가 지금 살아가는 세계는 여전히 이러한 혼합과 충돌의 한복판에 있으며, 그 속에서 또 다른 문명이 태동하고 있는 것이다.

- 도시와 문명의 태동: 메소포타미아에서 뉴욕까지

문명이 시작된 초기의 도시들은 단지 사람들이 모여 사는 공간이 아니라, 공동체가 자신들의 삶을 조직화하고 상징화하며, 지속 가능한 질서를 세우는 핵심 무대였다.

메소포타미아 문명의 도시들은 관개농업의 중심지이자, 종교와 정치 권력이 통합된 신전국가로 기능했다. 우르(Ur)나 우루크(Uruk) 같은 도시는 단지 경제와 인구의 집적지가 아니라, 문자, 법률, 종교, 무역이 태동한 곳으로서 인간 사회의 고도화된 조직이 처음으로 등장한 현장이었다.

특히 점토판에 기록된 쐐기문자는 문명이 단지 물질의 축적이 아닌, 지식과 기억의 전달을 위한 구조를 형성했음을 보여준다. 문자는 도시가 단순한 물리적 공간을 넘어 시간 속에 자신의 경험을 기록하고, 다음 세대로 이어지게 만드는 메커니즘의 핵심이었다.

이후 고대 도시들은 계속해서 문명 발전의 촉진자 역할을 수행했다. 고대 이집트의 테베(Thebes), 고대 그리스의 아테네(Athens), 고대 중국의 장안(長安)은 각기 다른 문화적 토양에서 태동했지만, 공통적으로 도시가 지식의 생산지이자 문화의 실험장이었다는 점에서 유사성을 갖는다.

이들은 단지 국가의 행정 중심지가 아니라, 철학과 예술, 기술이 융합되는 복합적인 장이었다. 도시란 곧 '집중된 인간성'의 실험실이며, 다양한 집단이 서로 다른 방식으로 살아가는 조건을 조율하고 조화시키는 문명 장치였던 셈이다.

현대에 들어와서는 도시의 개념과 역할이 더욱 복잡하고 정교해졌지만, 그 본질은 크게 변하지 않았다. 뉴욕이라는 도시는 이민자와 다양성의 축적이라는 점에서 고대 도시들과 유사한 혼합적 특성을 보여준다.

뉴욕은 정치 수도가 아님에도 불구하고, 문화적 상징성과 경제적 결정력 면에서 글로벌 문명의 심장부로 기능해왔다. 맨해튼의 고층 빌딩은 자본의 힘을 상징하고, 브루클린의 거리에서는 스트리트 아트와 재즈가 문화 저변을 형성하며, 퀸스와 브롱크스에서는 다양한 언어와 음식이 공존한다. 이러한 혼종적 구조는 뉴욕을 단순한 도시가 아니라, 문명 그 자체를 대표하는 하나의 생명체로 만든다.

오늘날 서울 역시 유사한 역할을 수행하고 있다. 급격한 산업화와 도시화, 정보화 과정을 압축적으로 경험한 서울은 전통과 첨단이 공존하는 도시로서, 도시 그 자체가 하나의 문명 서사로 기능하고 있다. 경복궁과 청와대, 광화문과 세운상가, 강남과 홍대에 이르기까지, 서울의 도심은 시대마다 다른 문명의 표현 양식을 중첩된 형태로 담아내고 있다.

특히 K-컬처라는 이름으로 대변되는 한국 문화는 도시 공간을 통해 생산되고, 세계로 발신되고 있다. 도시가 문명의 태동지일 뿐 아니라, 문명의 표현 장치이자 유통 경로가 된 것이다.

결국 도시는 문명을 저장하고, 실험하며, 발신하는 복합적 구조다.

도시 없이는 문명의 진화를 설명할 수 없고, 문명 없는 도시는 그저 건물과 인구의 밀집일 뿐이다. 도시란 인간이 어떻게 살아야 하는지를 묻고, 어떻게 함께 살아갈 수 있을지를 실험하는 장이며, 메소포타미아에서 뉴욕까지 이어진 도시 문명의 계보는 그 자체로 인간 문명의 초상화라 할 수 있다.

이러한 도시는 지금 이 순간에도 새로운 문명의 조건을 실험하며, 우리에게 다음 세계의 윤곽을 제시하고 있다.

– 한반도와 뉴욕, 문명의 다음 장을 비추다

한반도와 뉴욕은 각각 동아시아와 서구 문명의 경계에 위치한 지역으로, 그 지리적 위치만으로도 역사적, 문화적, 정치적 복합성을 압축적으로 드러내는 공간이다. 한반도는 동북아시아의 세 문명권—중국, 일본, 러시아—의 사이에 위치하며, 오랜 세월 그 문화적 영향을 받으면서도 독자적인 정체성을 발전시켜왔다.

지정학적으로도 세계사의 굴곡마다 전략적 요충지로 주목받아왔으며, 특히 20세기에는 분단이라는 극단적인 경계를 경험함으로써 '문명의 경계선'이라는 상징성을 더욱 극명하게 부각시켰다.

뉴욕 역시 대서양과 북미 대륙이 만나는 해양적 접경지에 위치해 있으며, 유럽 이민자들과 아메리카 원주민, 아프리카 노예의 역사가 얽힌 복합적 문화지층 위에 세워졌다. 이 도시는 수많은 이민자와 노동자가 스스로를 재정의하며 구축해낸 문명의 교차로였다.

한반도는 외세의 침탈, 식민 지배, 전쟁, 산업화, 민주화라는 굴곡진 과정을 거치며 단순한 피해자가 아닌, 능동적으로 시대를 해석하고 변화에 적응하며 자기 언어를 발전시켜온 공간이다.

한국의 현대 문명은 단지 서구를 모방한 결과물이 아니라, 외래 문명을 흡수하고 토착화하며, 다시 세계로 역수출하는 재창조적 과정을 통해 형성된 것이다. 특히 K-컬처, K-뷰티, K-푸드 등으로 대표되는 한국의 문화 콘텐츠는 전통적 감수성과 현대적 트렌드를 융합하여 세계인들에게 강력한 문화적 자극을 제공하고 있으며, 이는 곧 한반도가 과거의 수용지에서 발신지로 전환되었음을 의미한다.

뉴욕 또한 자본과 예술, 기술과 인권, 다양성

과 갈등이라는 모순된 요소들이 복합적으로 작용하면서 새로운 문명 양식을 제시해왔다. 브루클린에서 시작된 스트리트 컬처는 이제 전 세계 청년문화의 언어가 되었고, 할렘에서 시작된 재즈와 힙합은 인종적 차별과 저항의 목소리를 넘어서 보편적 감성의 도구로 자리매김했다.

월스트리트는 자본주의의 중심이자 그에 대한 비판이 가장 격렬하게 일어나는 현장이며, 브롱크스와 퀸스는 미국 내 인종 및 계층 갈등이 집중되었음에도 불구하고 새로운 공동체 윤리와 문화적 연대를 실험해온 공간이다. 이런 맥락에서 뉴욕은 문명의 긴장과 가능성을 동시에 체현하는 도시다.

한반도와 뉴욕은 문명적 대척점에 서 있는 듯하지만, 실은 오늘날 인류가 당면한 핵심 과제—다문화 사회의 윤리, 기술과 인간성의 균형, 경계 속 연대의 가능성—을 가장 선명하게 드러내고 있는 두 도시다.

이들은 각기 다른 방식으로 역사와 문명의 다음 장을 비추고 있으며, 그 비추는 방식은 단지 모델이 아니라 질문이기도 하다.

문명이란 무엇인가, 우리는 어떻게 함께 살아갈 것인가, 갈등은 공존으로 전환될 수 있는가—이러한 근본적 물음이 두 도시의 공간 곳곳에 배어 있고, 그것이 바로 이들이 문명적 가치를 새롭게 제시하는 이유다. 그래서 한반도와 뉴욕은 단순히 동서양의 대표 도시가 아니라, 인류 문명의 미래 가능성을 예고하는 살아 있는 '경계의 도시'들이다.

- 앞으로의 문명은 어디에서 시작될 것인가?

앞으로의 문명은 어디에서 시작될 것인가? 이 물음은 단지 시간상의 미래를 묻는 것이 아니라, 문명의 방향성과 조건, 그리고 주체가 누구인가를 묻는 철학적 질문이다.

과거의 문명이 대체로 물리적 경계에서 탄생했다면, 앞으로의 문명은 물리적 경계를 넘어선 '개념적 경계'에서 비롯될 가능성이 크다.

인공지능과 메타버스, 기후 위기와 생태적 전환, 이민과 국경 문제, 정체성 정치와 윤리적 다원주의는 모두 현대 문명을 새롭게 구성할 변수들이다. 이 변수들이 중첩되고 충돌하는 곳에서 새로운 문명이 형성될 것이다.

우선 디지털 경계는 이제 새로운 문명 생성의 핵심 무대가 되고 있다. 전통적으로 문명은 강과 대륙, 해양의 흐름에 따라 형성되었지만, 이제는 데이터와 네트워크, 가상공간이 새로운 문명의 기반이 되고 있다.

웹상에서의 정체성, 가상화폐를 기반으로 한 경제, 메타버스 내 정치와 공동체 구성은 더 이상 공상과학의 영역이 아니다. 인간은 물리적 현실과 디지털 정체성을 동시에 살아가는 존재로 변모하고 있으며, 그 사이의 균형을 어떻게 잡느냐가 새로운 문명의 윤리를 결정짓는다.

이 디지털 문명은 단순한 기술의 문제가 아니라, 관계 방식, 정체성의 정의, 공동체 윤리와 감정 구조까지 포함하는 전면적인 문명 재구성의 문제다.

또한 기후 위기는 문명의 지속 가능성을 근본적으로 뒤흔들고 있으며, 앞으로의 문명이 어떤 방향으로 나아가야 할지를 결정하는 가장 강력한 기준 중 하나가 되고 있다.

에너지 전환, 탄소 중립, 순환경제 같은 개념들은 단지 정책적 대안이 아니라, 새로운 문명의 기반이 된다. 기후 위기에 가장 민감하게 반응하는 도시들—예컨대 코펜하겐, 암스테르담, 서울, 도쿄—은 이미 녹색 기술과 생태적 공동체 감각을 새로운 도시 정체성으로 채택하고 있으며, 이 도시들이 앞으로의 문명 전환의 실험장이 될 것이다.

문명은 더 이상 확장의 논리가 아니라 회복과 재생의 감수성을 중심으로 조직될 것이며, 이것은 문명의 서사가 전면적으로 바뀐다는 뜻이다.

정치적 경계 또한 미래 문명 형성에 결정적이다. 국경을 넘어선 이주와 이민, 다문화 사회에서의 충돌과 조율, 정체성의 정치와 포용의 윤리는 새로운 세계 질서를 좌우할 것이다. 과거 문명은 단일 민족, 단일 언어, 단일 신화를 중심으로 구성되었지만, 앞으로의 문명은 복수의 기억, 언어, 서사를 끌어안고, 불완전함 속에서 공존하는 기술을 요구한다.

이러한 복잡한 정체성과 상호문화적 이해가 충돌을 피하면서도 차이를 지켜낼 수 있는 조건을 마련할 때, 비로소 새로운 문명의 감각이 형성된다.

결국 앞으로의 문명은 더 이상 고정된 장소에서 시작되지 않는다. 그것은 도시라는 물리적 공간을 기반으로 하되, 기술, 생태, 윤리, 관계, 정체성이라는 비가시적 경계에서 함께 탄생할 것이다.

뉴욕과 한반도 같은 도시들이 이러한 새로운 문명의 예감과 조짐을 보여주는 이유는, 이 도시들이 이미 그런 복합적 경계 위에 서 있기 때문이다. 문명의 다음 장은 어느 하나의 언어, 국가, 기술, 제도가 주도하지 않는다.

그것은 수많은 차이가 서로를 침범하지 않고도 함께 살아갈 수 있는, 그 조율의 감각과 윤리에서 시작될 것이다. 우리는 그 경계의 입구에 서 있다.

"모든 문화는 타자와의 경계에서 자기 자신을 정의한다."
— 폴 리쾨르

에필로그
경계를 살아가는 우리 모두에게

우리는 지금 경계 위를 걷고 있다. 국경은 물리적으로 열렸지만 심리적으로는 더 높아졌고, 정보는 실시간으로 연결되지만 감정은 점점 고립되어가며, 기술은 우리를 빠르게 변화시키지만 인간의 본질에 대한 질문은 점점 미뤄지고 있다.

 도시는 더 똑똑해지고 있지만 그 안에서 살아가는 인간은 더 외로워지고 있고, 문화는 더 다양해졌지만 그 다양성은 때때로 갈등의 언어로 바뀌기도 한다. 이러한 시대에 우리가 반드시 다시 돌아봐야 할 질문은 '경계란 무엇인가' 라는 것이다.

경계는 더 이상 단절의 상징이 아니라, 문명이 시작되는 자리이며, 새로운 감각과 윤리가 실험되는 실험실이며, 세계가 스스로를 성찰

할 수 있는 희귀한 거울이기도 하다.

뉴욕과 한반도는 이 질문을 가장 첨예하게 마주하고 있는 공간이며, 이 둘은 각기 다른 역사와 문화, 지리와 정치 속에서 살아왔지만 그 안에 흐르는 긴장과 가능성, 상처와 창조의 감각은 놀라우리만큼 닮아 있다.

 그 닮음은 단순한 비교가 아니라, 우리가 살아가야 할 문명의 조건을 미리 보여주는 징후다. 도시는 더 이상 완성된 문명의 결과가 아니라, 문명 그 자체가 현재진행형으로 쓰이고 있는 공간이며, 그 공간에서 살아가는 우리는 단지 이용자가 아니라 생성자이며 해석자이기도 하다.

지금도 세계 곳곳의 경계에서 누군가는 상처를 견디고, 누군가는 낯선 언어 속에서 길을 찾고, 누군가는 자신이 어디에 속해야 할지를 고민하며 하루를 시작한다.

 그 모두가 바로 이 시대의 문명인이며, 도시를 문명으로 바꾸는 진짜 주체다. 우리는 모두 경계 위에 서 있다. 그리고 그 경계에서, 문명은 다시 시작되고 있다.

판권

종이책 : 값 22000 원

초판 인쇄: 2025년 5월 20일
초판 발행: 2025년 5월 20일

지은이: 김병완
발행인: (주)플랫폼연구소

출판등록: 제 2020-000075호

전화: 010-3920-6036 / 02-556-6036
이메일: pflab2020@naver.com

주소 : 서울시 강남구 삼성동 152-59 정목빌딩 3층

ISBN 979-11-91396-31-7.